창조적 기도

원헌영 지음

카리스호크마

창조적 기도

초판 1쇄 발행 2008년 7월 17일

지은이 원헌영
펴낸이 원헌영
펴낸곳 카리스호크마
주소 서울시 관악구 봉천본동 957-6 원영 B/D
출판등록 1977년 8월 11일 제15-324
전화 02) 888-4603~5
팩스 02) 885-3693

ISBN 978-89-960600-1-7-03230
값 12,000원

창조적 기도

창조적 기도

창조적 기도의 신비의 문을 열며

God said "Let there be light"

and there was light.

창조적 기도는 전능자 하나님의 마음을 움직이는 생명 있는 역동적 기도이다. 창조적 기도는 지금까지 세상에 없었던 새로운 일을 행하는, 원시림에 새 길을 내는 기도이다. 새 역사를 만드는 기도이다. 창조적 기도는 하나님의 신비의 세계를 여는 비밀의 열쇠이다. 갈멜산의 전쟁에서 "여호와여 내게 응답하소서. 이 백성으로 주 여호와는 하나님이신 것을 알게 하소서!" 라고 엘리야가 생명을 걸고 기도 할 때에, 여호와의 불이 내려와 번제물과 나무와 돌과 흙을 태우고, 도랑의 물도 다 태웠다.

여호수아가 마지막 승리를 앞에 두고 절박한 기도를 할 때, 하나님은 하늘을 달리는 태양과 달도 멈추게 명하여 그들을 도우셨다. 창조적 기도를 통하여 참으로 신비한 기적과 표적들을 이 땅 위에 나타냈던 믿음의 선조들은 하나님의 뜻을 이 땅에 이루고 하나님께 영광을 드렸다. 오늘의 기도의 세계, 우리의 기도는 애벌레의 기도에서 나비의 기도로 변화되는 것이 그 꿈이다.

인간 모두에게는 마음속 깊은 곳으로부터 솟아나는 나비의 꿈이 있다. 어린 소녀의 나비의 꿈, 젊은 청년은 야망의 꿈, 기업가는 사업의 꿈, 크리스천은 신앙인으로서의 나비의 꿈이 있다. 이 꿈의 실체를 땅으로 기어 다니는 애벌레에서 나비의 기도로 승화시켜주는 기도가 바로 창조적 기도이다. 신앙인들에게는 기도는 생명호흡이다. 믿음의 실체는 기도로 살아간다. 믿는 자들에게 기도는 죽음과 삶의 영적전쟁이요 살기 위한처절한 몸부림이며 믿음을 꽃 피우는 자기 향기이고, 존재의 산 증인이다. 그리고 자손만대 하늘 축복 대물림의 근원이 된다.

기도가 꽃피기까지는 씨앗의 땅속 죽음을 시발점으로 씨앗 자신의 두꺼운 껍질을 깨뜨리고 나오는 자기 찢음, 자기 피 흘림의 터밭, 그곳에서 땅 속 흑암을 이기고 나올 때 찬란한 태양, 즉 하늘의 생명의 빛을 만나게 된다. 생명의 축복이요 삶의 환희이다.

이 만남으로 새 순은 자라며 줄기를 내고 잎 새를 만들어간다. 그리고 때가 되면 꽃을 피운다. 이 꽃 속에는 향기가 있고, 꿀이 있고, 꽃가루가 있다. 꽃향기는 창조주의 위대하심을 온 천지에 노래하고, 꿀샘을 찾아오는 모든 생명에게 생명유지의 필수인 음식을 공급하고, 꽃가루는 생명의 재창조 자손만대의 생명 줄기를 확대 재생산한다.

기도는 살아 있는 기도여야 한다. 그것은 마치 살아 있는 생화만이 향기와 꿀을 계속 생산할 수 있듯이 생명력이 넘치는 능력과 역사를 만드는 새 생명, 새 역사 창조의 기도여야 한다. 우리는 이 기도를 이름 하여 '창조적 기도' 라 말한다.

이 창조적 기도에는 하나님의 거룩하신 섭리, 예수 그리스도의 마음, 하나님의 언어들이, 성령의 초자연적인 역사들이 함께 어우른다. 그 나타나는 결과는 인간의 지식과 경험으로는 헤아릴 수 없고, 그것들의 깊이와 높이와 넓이와 길이는 인간의 상상을 초월한다. 그것은 하나님의 사랑이요, 하나님의 지혜이시다.

창조적 기도는 하나님과 동행하며 기도하는 것이다. 내 스스로 내 의지로 하는 기도는 한계가 있다. 그러나 하나님의 영과 더불어 하는 기도는 초자연적 능력과 권세를 누린다.

이것은 마치 장마에 홍수물이 저수지로 넘치고 그 뚝방을 무너뜨리는 것과 같다. 물의 힘이 약하게 흐를 때는 인간이 만들어 놓은 수로(水路)를 따라 흐른다. 그러나 홍수 때는 물이 원천적 세력을 다시 찾음으로서 인간들이 만들어 놓은 수로는 완전히 무시한다. 그것뿐만 아니라 논과 밭도 싹 쓸어버리고 차도도, 마을도, 도시도, 한 순간에 삼켜버리며 거침없이 자기 길을 달려간다. 그 위력은 참으로 무섭다.

우리의 일반기도와 창조적 기도의 차이가 바로 이와 같다. 평상시에 흐르는 물과 홍수 범람시 흐르는 물은 똑같은 물이지만 그 힘과 권세의 차이는 말로서 표현할 수 없을 만큼 크다. 일반기도와 창조적 기도는 똑같은 기도이다. 그러나 창조적 기도의 권세와 능력은 일반적인 기도에 비교하면 하늘과 땅의 차이이다.

일반적 기도가 땅을 기어 다니는 애벌레의 기도라고 한다면 창조적 기도는 하늘을 날아다니는 나비의 기도이다. 벌레가 땅으로 기어 다닐 때 돌이나 웅덩이나, 바위들이나, 냇물은 그들의 길에 엄청난 장애물들이다. 그러나 나비는 이런 것들은 눈에 들어오지도 않고, 냇물이나 강이나, 계곡이나 산들도 가볍게 훨훨 날아간다. 얼마나 놀라운가! 이것은 벌레가 갖지 못한 능력과 권세를 나비는 가졌기 때문이다.

기도하는 사람은 누구나 이 권세와 능력을 열망한다. 이것이 우리 현실의 삶에 생생하게 실현되기를, 꽃피고 열매 맺기를, 온 육체와 마음과 영혼으로 애타게 찾는다. 지금 이 순간에도 이 기도를 위해, 그 수를 헤아릴 수 없는 생사를 던진 기도자들이 그곳을 찾아 벼랑 끝을 오르고, 목 터지게 부르짖고, 그리고 침묵한다. 하나님의 세계에 깊이 침잠한다.

홍해 바다 앞의 모세처럼, 여리고성을 두고 침묵하는 여호수아처럼, 갈멜산상 대결에서 생사를 던진 엘리야처럼 그것을 열망하는 애태움과 목마름과 노래와 감사속에 자신을 던지며 그 길로 달려간다. 창조적 기도가 내 기도가 되기 위해, 나의 창조적 기도 나비기도를 위해,

나의 하나님 그들에게 자비를 베푸소서!

East Eden의 기름진 기도 터 밭에서

원 헌 영

제1장

무한한 능력의 기도

인간의 한계를 벗어날 때

미래를 만들어 내는 기도

살아있는 기도의 능력

애벌레 기도와 나비기도

날마다 새롭게 하는 역사

그런즉 너희가 먹든지 마시든지 무엇을 하든지
다 하나님의 영광을 위하여 하라(고전10:31)

인간의 한계를 벗어날 때

여러분들은 하루를 어떻게 시작 하십니까? 새벽 기도로 시작이 되지요? 하루의 마감을 무엇으로 하십니까? 하루의 마감도 기도로 마감을 하게 됩니다.

하루를 기도로 시작해서 기도로 마감하는데 여러분들에게 무슨 기도에 대해서 이야기를 할까 좀 이상하지요?

기도에 대한 이야기가 기도를 밤낮으로 하는 우리 신실한 크리스천들에게 과연 필요한가 생각하실 것입니다.

과연 새벽부터 밤늦게까지 어떤 기도를 하고 있습니까?

우리는 무슨 기도를 어떻게 하는지 내 자신도 알지 못하고 기도를 하게 될 때가 있습니다. 자신이 지금 무슨 기도를 하고 있는지 잘 모르면서 밤낮으로 기도하려고 합니다. 부르짖고 기도하고, 금식하고 단식하며 기도하고, 시간 나는 대로 기도하고, 쉼 없이 기도하려고 합니다. 이 말들이 과연 하나님의 능력을 가져올 수 있는 기도인가? 그것을 자문해야합니다.

기도는 무엇입니까? 우리가 기도할 때 우리 인간의 생각대로, 지식대로, 지혜대로, 또 열정대로 기도합니다. 그 기도가 어떤 힘을 가지고 있을까요? 어떤 능력을 가지고 있을까요? 다시 처음으로 돌아가서 점검해 볼 필요가 있습니다.

기도 그 자체는 무엇입니까? 기도는 인간이 하는 행위이지만 인간이 하는 그 행위가 하늘의 근원으로 돌아가서 하늘의 초자연적인 능력을 우리에게 끌어내리는 신비에 싸인 행위입니다.

하늘의 초자연적인 능력이 우리의 기도를 통해서 나타나도록 하기 위해 어떤 기도를 드려야 할까요? 내가 하는 기도여야 할까요? 아니면 내 속에 하나님의 영이 기도하는 기도여야 할까요?

바로 여기에 기도의 핵심이 있습니다. 양떼들에게 "기도하십시오. 당신 속에 하나님의 영이 살아 역사하도록 기도 하십시오. 당신이 지금 하는 그 행위는 인간의 행위가 아니고 신의 행위입니다." 이렇게 말을 할 수 있어야 합니다.

우리의 기도가 허공을 치는 기도이기 때문에 그 기도는 하늘로 부터 비롯된 기도가 아니라 자신이 만들어 낸 기도입니다. 내가 배운 만큼, 아는 만큼, 경험 한 것만큼, 체험 한 것만큼, 생각나는 것만큼, 내 시간이 허락 되는 것만큼, 내 체력이 허락되는 것만큼 갖가지 방법을 동원해서 기도를 합니다.

그런데 그것은 하나님께서 우리에게 기대하시는 기도의 방법이 아닙니다.

하나님께서 원하시는 기도는 하나님의 초자연적인 능력이 내 기도 속에서 나타나도록 하는 기도입니다.

우리 인간의 기도가 위대한 능력을 가졌다는 것이 무엇일까요?

인간의 한계를 벗어날 때 우리의 기도는 그때부터 시작이 됩니다. 일반적인 기도는 시작하면서 "하나님 저의 기도를 시작합니다. 들으십시오." 하고 기도를 합니다. 그러면 그 기도를 들으신 하나님은 뭐라고 하실까요?

"너의 기도를 통해서, 너를 통해서 나의 뜻을 이루고 하늘의 초자연적인 능력을 네게 접선시켜 주기를 원하는데 너는 지금 무슨 기도를 하고 있느냐? 나에게어떻게 하라는 것이냐? 유한한 인간의 한계에 있는 것들을 가지고 내가 어떻게 네게 역사할 수 있느냐? 무한의 세계로 오라. 나의 세계, 신의 세계로 넘어 와라" 고 주님께서는 우리들을 부르십니다.

미래를 만들어 내는 기도

지금까지 우리가 해온 평범하고 일상적이고 뭔가 정체성이 제대로 나타나 있지 않은 기도를 깨뜨리기 위해서 찾고 또 찾은 것이 바로 이 '창조적 기도' 입니다.

창조적 기도란 어떤 기도입니까?

창조적 기도는 매 순간순간 마다 하나님의 영이 역사하는 기도입니다. 기도 기도 마다 하나님의 권세가 그대로 나타나는 기도입니다. 기도가 어떻게 그런 큰 능력을 가질 수 있을까요? 그것은 하나님께서 우리를 향하여 하시는 사역을 보면 알 수 있습니다.

하나님께서 우리를 위해서 오늘도 무엇을 하십니까? 우리 인간의 얕은 지혜나 생각으로 말하는 것이 아닙니다.

예수님이 말씀하셨습니다. 하나님은 지금도 일하신다고, 이 순간도 일하신다고, 그래서 아버지가 일하시니 나도 일한다고 하셨습니다(요5:17).

예수님이 일하신다는 것이 무엇입니까?

아버지의 뜻이 이 땅에 이루어지도록 하는 일이겠지요. 예수님의 사역은 어디서부터 펼쳐집니까? 기도로부터 시작해서 기도로써 마감이 됩니다. 저녁 한가한 때에 예수님께서 산으로 가서 조용히 기도했다고 하는 단순한 기록을 성경에서 읽습니다. 그런데 실은 예수님의 사역을 보게 되면 그것이 아니었습니다. 예수님의 사역은 모든 순간이 기도의 연속이었습니다. 그 연속을 딱 한마디로 증거를 댈 수 있지요.

예수님은 아버지께서 내게 보여주시는 대로 하고 나는 아버지께서 내게 말씀하라고 하는 대로 말한다(요14:10)고 하셨습니다. 예수님의 그 모든 순간은 기도의 연속이었습니다. 삶이 기도이고 기도가 삶이었습니다. 하지만 우리는 인간이기 때문에 그것이 가능할 수 있을지 없을지 질문이 생깁니다. 그 질문에 대한 답도 찾아내야 합니다.

지금까지의 영성은 과거에 영적 생활을 했던 분들, 과거에 사막이나 산속이나 또 절벽이나 움막 속에서 기도했던 영성인들의 역사를 소개해 왔던 것이 전부였습니다. 그리고 그들 중에 어떤 사람이 어떤 기도를 했다고 하며 그것이 우리의 표본이고 모델이 된다고 하면서 영성 신학, 영성학 역사, 교회사 등의 강의를 해왔습니다. 그러한 것들이 요즘 영성강의나 세미나의 주류를 이룹니다. 다시 말하면 지금까지 영성강의는 과거의 **뼈**를, 조상의 **뼈다귀**를 파가지고 그것을 가마솥에 푹 고아서 먹고 산 것입니다.

그러나 우리의 영성은 그것과는 완전히 반대입니다. 우리는 미래를 만들어 냅니다. 미래를 봅니다. 그리고 그 미래를 끌어다가 오늘 현실로 만들어 갑니다.

미래의 일어날 일을 보고 예측하고 연구하고 그 좌표와 그 흐름을 알고 난 다음에 그것을 오늘날 우리의 현실에 적용시켜 나가는 것입니다.

미래를 알고 미래의 길을 따라가는 것과 과거의 조상의 뼈다귀만 갖다 놓고 파먹는 것과는 천지차이 입니다. 애초에 발상 자체부터가 다릅니다.

과거는 죽은 것입니다. 어제는 과거입니다. 오늘 아침 밥 먹은 것도 과거입니다.

그것을 현재라고 생각한다면 내일 아침도 먹지 말아야 합니다. 한 순간이 지나온 그것은 바로 과거가 됩니다. 새로운 창조는 순간순간마다 하늘로부터 오는 생기가 그 속에 들어가는 것입니다. 그 생기가 들어가지 않는 삶은 곧 시체의 삶이요 죽음의 삶입니다. 썩어가는 삶입니다.

우리의 기도가 시체를 계속해서 풀어 놓는 100년 전에 했던 기도, 50년 전에 했던 기도, 10년 전에 했던 기도, 1년 전에, 한 달 전에 했던 그 기도를 지금도 계속하고 있는 것은 아닌지 살펴봐야 합니다.

과거의 것으로 사는 사람은 조상의 무덤을 파먹고 사는 사람이지만 미래를 먹고 사는 사람은 오늘 현실을 생동감이 있고 살아 있는 시간으로, 다시 말하면 하나님의 역사가 그 자신 속에서 매 순간순간 마다 일어나도록 기도하는 사람입니다.

어떤 방법으로 기도합니까? 우리는 내가 하고 싶은 대로 내가 생각하는 대로 기도해 왔습니다.

그럼 그것이 과연 하나님께서 원하시는 기도인지 스스로 질문해 봐야 하겠지요?

어린아이는 생각나는 대로 합니다. 이제 두세 살 된 어린아이들은 생각나는 대로 하잖아요. 울고 싶으면 울고, 웃고 싶으면 웃고 그럽니다. 어린애들이 배고프다고 울면 부모가 일하다 말고 가서 젖꼭지 물려주는 그런 기도를 말하는 것이 아닙니다. 그 기도는 어린애들 기도이니까 그건 응당 그렇게 가도록 하고, 성숙한 자리에서는 우리의 기도가 어떻게 진행되어야 하는 것인지 살펴보고 바꿔야 합니다.

살아있는 기도의 능력

참된 기도는 시작은 내가 하지만 기도의 속 깊은 자리에 들어갈 때는 하나님의 영이 내 속에서 기도를 하게 해야 합니다. 하나님의 영이 내 속에서 기도를 하지 않을 때, 내 기도는 시체를 늘어놓는 기도가 되는 것입니다. 왜냐하면 우리 인간은 초자연적인 능력을 갖고 있지 않기 때문입니다. 기도의 실체가 무엇입니까? 인간의 힘으로 되는 것을 기도의 자리에 가져옵니까? 아니면 인간의 힘으로 되지 않기에 기도의 자리에 가져옵니까?

인간의 힘으로 된다면 인간의 힘으로 하면 됩니다. 그러나 인간의 힘으로 되지 않기에, 인간의 힘은 다 잠재우고 그 분이 임하시게 하고 그 분이 오시게 하는 것이 기도 아닙니까?

이 질문을 던지면 기도원에서 수십 년 기도한 분들, 또 기도해서 은사나 능력을 많이 가지고 있는 분들이 내 인생 억울해서 어떻게 하냐고, 나 그것 못 버린다고 창조적 강의 몇 번 듣고 망설이기도 하고 또 작심하고 새롭게 시작하기도 합니다. 그분들의 기도 열정은 아주 대단합니다. 기도를 생명으로 살아가는 분들입니다.

"20년, 30년 새벽부터 밤중까지 기도에 파묻혀서 기도로 먹고 살고 기도로 잠을 잤는데 그럼 지금까지 기도한 것이 헛것이란 말이오? 기도를 이렇게 이렇게 해야 한다고 내가 집회 때마다 설교하고 강의하고 주장한 것이 다 헛것이란 말이오?"

그렇게 말하면 헛것입니다. 왜? 사람인 당신이 중심이 된 기도를 했기 때문입니다. 기도는 하나님이 하시는 것이지 인간이 하는 것이 아닙니다. 참된 기도는 하나님의 영으로 인간이 하는 것입니다. 결국은 하나님의 영이 하는 것입니다.

기도는 하나님 그 분께서 내 속에 와서 그 분이 나로 하여금 기도하게 하시는 것이 참 기도이지 자신이 스스로 한 기도에 하나님이 움직이시겠습니까? 당신이 1년을 기도한들 10년을 기도한들 당신 뜻대로 한 기도가 하나님을 조금이라도 움직이게 하겠습니까? 일어서시게 하겠습니까? 역사하시게 하겠습니까?

"그럼 내가 기도하면서 능력으로 병도 낫게 하고 예언도 해주었는데 그것은 무엇입니까?"

말하기 참 거북한 말입니다. 사탄도 귀신도 병 고칩니다. 점 칩니다. 예언을 합니다. 과거도 압니다. 미래를 알려줍니다. 그러면 창조주 하나님이 하시는 권세와 능력과 잡신들이 하는 것과의 차이가 뭔지 아십니까? 인간의 세계와 영의 세계가 다르되 귀신도 영이라 영의 세계에 들어갑니다. 그러나 그것은 가장 천박한 것입니다. 그들이 볼 수 있는 것은 한계가 있어요.

예를 든다면 바로 이런 것입니다. 1,000m 산에 올라가서 주위 사방을 둘러보십시오. 1,000m 산에서 볼 수 있는 것의 한계가 있지요? 1,001m 위에 있는 것은 볼 수가 없습니다. 그러나 우리가 5,000m 산에 올라가 보십시오. 1,001m를 볼 수 있지요? 4,999m 까지는 다 볼 수가 있습니다. 그러나 5,001m는 볼 수 없습니다.

바로 이것들이 잡신의 한계입니다. 하나님은 어떤가요? 끝이 없지요 무궁하지요. 영원하지요. 표현할 수 없는 가장 높은 곳에 계시고 길이를 알 수 없을 만큼 가장 끝에 계시고 깊이를 알 수 없을 만큼 가장 깊은 곳에 계십니다.

인간의 힘과 능력, 잡귀, 사탄 무리들 이런 것들로 인하여 어떤 은사나 능력을 나타낸다 할지라도 그것은 한계가 있습니다.

불가능한 것을 기도의 자리에 가지고 온다는 것은 초자연적인 능력이 그곳에 임하도록 하는데 있습니다. 그것이 기도입니다. 그렇다면 우리의 기도는 내가 하는 기도입니까? 아니면 초자연적인 능력자가 내게 와서 능력으로 역사하시도록 풀어 놓는 것입니까?

그래서 초자연적인 능력으로 역사하도록 하는 그러한 기도가 되기 위해서는 그 기도의 패턴을 어떻게 해야 할까요? 살아있는 기도가 되게 해야 합니다.

살아있는 기도가 되게 한다는 것이 무엇입니까? 살아있는 인간에게 살아있는 하나님의 능력과 권세가 들어오게 하는 것입니다. 그럴 때 그의 기도는 비로소 생명을 갖게 되는 것입니다. 1시간 기도했고 하루 기도했고 1주일, 20일, 40일, 백날을 기도해도 그 기도가 인간의 기도일 때는 시체를 쌓는, 시체를 만들어가는 그런 시간만 될 뿐입니다. 거기에는 초자연적인 능력이 없기 때문입니다.

기도는 인간이 할 수 있는 문제를 가지고 와서, "신이여! 해 주십시오." 하는 것이 아닙니다. 인간이 할 수 없는 문제를 가지고 와서 그 분 앞에 펼쳐 놓는 것입니다. 펼쳐 놓을 때 '당신은 하나님이십니다. 무엇이든 할 수 있습니다.' 하는 확신을 가지고 펼쳐놓아야 합니다. 그리고 그 때는 하나님이 내 안에 오셔서 기도하도록 하게 하고 하나님 자신이 한 기도가 바로 하나님이 원하는 내용이 되어야만 합니다.

우리의 기도가 내가 원하는 기도로 시작 되지만 결과는 하나님께서 원하시는 뜻대로 이루어지게 해야 합니다.

기도는 신앙의 한 행위인데 우리가 기도할 때 그 안에 담겨지는 내용이 무엇입니까? 인간의 내용을 담는가, 아니면 하나님의 내용을 담는가, 인간의 내용이 담길 때와 하나님의 내용이 담길 때 어떻게 다를까요? 상상을 해 보십시오. 놀랄 일입니다.

내가 새벽 제단에서 인간의 능력이 거기에 담기기를 기도하게 되면 그 한계를 보지요. 또한 하나님의 능력이 내 기도에 잠기게 기도하면 그 때는 폭발하는 다이나마이트와 같은 능력을 봅니다. 그 기도의 차이는 하늘과 땅의 차이입니다. 그렇다면 우리 교회에서 어떤 기도가 펼쳐지게 해야 하겠습니까? 인간의 능력으로 힘껏 부르짖고, 힘껏 두들기고, 힘껏 울고, 힘껏 몸부림치며 기도하라고 할 것입니까? 아니면 그 모든 것을 잠재우라고 할 것입니까?

하나님의 능력과 권세가 올 때는 한계가 없습니다. 그래서 인간이 자신의 한계를 가지고 지금까지 10년, 30년, 50년 기도해 온 것입니다. 그것을 깨뜨리고 한계가 없는 하나님의 나라로, 하나님의 기도의 자리로, 하나님의 권세와 능력의 자리로 갈 것인가? 아니면 지금까지 해온 그것 가지고 그대로 살아갈 것인가? 이제 결정을 하십시오.

그들은 앉아서 사람들의 마음도 꿰뚫어 보고, 앉아서 과거도 알고, 앉아서 미래의 점도 쳐 주고 손을 얹어 병도 낫게 해줍니다. 그러나 거기엔 인간의 한계가 있습니다. 그것은 이 땅을 기어 다니는 벌레들이 하는 한계 내의 일입니다. 하나님의 기도의 세계는 그것이 아닙니다.

애벌레 기도와 나비기도

창조적 기도의 세계가 어떤 것인가? 예를 들어 봅니다. 조그만 벌레들이 땅을 기어갑니다. 열심히 기어갑니다. 1cm 되는 벌레가 땅을 하루 종일 기어가게 해 보십시오. 얼마나 기어가겠습니까? 아마 많이 가면 100m정도 갈 것입니다. 그런데 나비를 볼까요? 하루 종일 나비에게 날아가 보라고 해보세요. 얼마나 날아갈까요? 산도 넘고 물도 건너서 멀리 멀리 보이지 않는 곳까지 날아 갈 것입니다.

인간이 하는 기도의 세계가 땅을 기어 다니는 조그만 애벌레의 기도라고 한다면 하나님이 우리 속에 와서 역사하시는 기도는 온 세상을 훨훨 날아다니는 나비의 기도라는 것입니다. 그래서 우리는 가끔 나비 기도에 대해서 이야기를 합니다.

여러분들, 인간의 힘으로 땀 흘리고 밤새워하는 애벌레의 기도를 오늘 이 시간 이후에도 계속하시겠습니까? 아니면 나비기도를 사모

하며 그 기도의 자리에 오르도록 결단하시겠습니까?

기도에 변화를 가져와야 합니다. 그렇지 않으면 100년을 기도해도, 100년을 사역해도 땅에 기어 다니는 벌레기도에 불과합니다. 그러나 이 기도가 바뀔 때, 나비의 기도로 돌아가기만 하면 나비처럼 훨훨 자유로워집니다.

바위가 있어도 상관없습니다. 개울이 있어도, 산이 있어도, 큰 집이 있어도 아무 관계가 없습니다. 벌레 한마리가 큰 집을 넘어 가려고 해 보십시오. 몇 년이 걸릴 것입니다. 그러나 나비는 불과 몇 초면 훨훨 날아서 넘어가 버립니다.

창조적 기도란 무엇인가? 창조적 기도에는 어떤 능력이 내재해 있는가? 우리의 기도를 인간의 능력으로 시작해서 인간의 능력으로 끝나게 할 것인지 아니면 하나님의 능력으로 시작해서 하나님의 능력으로 기도가 역사하게 할 것인지를 진지하게 생각하고 결심해야 합니다.

어느 기도의 자리에 앉겠습니까? 이제부터 기도에 대한 우리의 눈이 뜨이게 되겠지요. 내가 기도의 자리에 앉되 기도를 하는 것은 내가 아니고 내 속에 하나님께서 주신, 살아있는 영께서 기도하시도록 할 때 내 기도는 나비기도처럼 하나님의 초자연적인 능력과 권세가 그 기도 속에 나타나게 됩니다. 역사하게 됩니다. 그럴 때 우리의 기도는 이루어집니다. 이 땅에서 기적을 가져옵니다.

다시 말을 하면 우리의 기도는 하나님의 뜻을 이루도록 하나님의 능력과 권세가 우리 각자 각자에게 와서 역사하시도록 풀어 놓는 것입니다.

창조적 기도는 기도가 시작됐을 때 그것이 끝나면서 바로 하나님께서 그 기도를 통해서 초자연적인 능력이 역사했음을 확인함이 필요합니다.

고린도전서 10장 31절을 보면 "너희는 먹든지 마시든지 자든지 쉬든지 일어나든지 무엇을 하든지 하나님의 영광을 위해서 하라"고 했습니다. 하나님의 영광을 위해서 하라는 것이 무엇을 말합니까? 하나님의 뜻이 우리의 기도 속에, 우리의 현실의 삶속에, 우리의 기도로 살아가는 인생의 모든 순간순간, 장소장소, 사건사건 마다 그 분의 역사하심이 일어나도록 하고 그의 역사가 우리를 통해서 하나님께 영광 돌리는 사건들이 되게 하라는 것입니다.

우리에게 닥쳐오는 매 순간순간 사건사건들, 그것들을 하나님의 영광을 나타내는 사건으로 만들 수도 있고 하나님의 영광이 가리워지는 사건으로 만들 수도 있습니다.

또 하나님의 역사가 일어나게 하는 그 사건으로 만들 수 있고 또 하나님의 역사는 잠겨지고 인간의 역사가 일어나게 할 수도 있습니다. 그 선택을 우리가 합니다. 믿음에 앞선 선견자는 우리에게 이렇게 말을 합니다.

"너희 인생의 모든 부분들이, 너희 삶의 모든 부분들이, 하루의 시작의 모든 부분들이 그것이 바로 주의 영광을 나타내는 순간순간의 연속이 되게 하라."

그럼 그리스도인의 삶 전체가 하나님의 임재가 나타나도록 하는 방법과 그 길은 무엇일까요? 바로 그것은 그리스도와 동행하는 삶이 되도록 하는 것입니다.

초등학교 다니는 어린아이가 아버지를 따라 일류호텔에 들어갑니다. 최고급 레스토랑에 가서 값비싼 블란서 요리를 시킵니다. 이 아이가 마음껏 블란서 요리를 먹을 수 있는 조건이 뭡니까? 아버지에 대한 믿음 아닙니까? 그 꼬마아이가 주머니에 동전 몇 개만 가지고도 요리 한 접시에 몇 십 만원 하는 음식을 먹으면서 떳떳하게 웨이터에게 쥬스를 달라 하고 새 포크 달라고 합니다. 이렇게 당당할 수 있는 이유가 무엇입니까? 동행한 아버지 때문입니다. 내가 인생에서 당하는 모든 사건과 염려, 문제점에 아버지가 동행하면 어떻게 되지요? 그 사건이 크면 클수록 그 사건이 무서우면 무서울수록 그 사건이 절박하면 절박할수록 아버지의 위대한 능력은 더 빛나게 나타나지 않을까요?

다른 웨이터가 옵니다. "야, 조그만 아이가 왜 여기서 얼쩡얼쩡해 얼른 가. 여기는 돈 많은 사장님들이 오는 곳이야." 합니다. 이때 아이가 뭐라고 그럴까요? 기가 죽을까요?

그 때 그 아이가 말합니다. "우리 아버지 오면 아저씨 큰일 나. 우리 아버지 저기 있어." 그래서 봤더니 그 큰 호텔의 회장님입니다. 어떻게 할까요? 목이 안 떨어지려면 무릎 꿇고 빌어야 되겠죠? 내가 꼬마손님인 너를 잘못 알았다고 말입니다.

바로 이것이 우리 기도의 자리에 하나님의 권세와 능력이 함께 하느냐 하지 않느냐의 차이입니다. 분명히 기도의 자리에는 우리가 해결하지 못할 사탄의 갖가지 공격과 무서움과 죽음과 아픔과 패망들이 가득 차 있습니다. 그것을 이길 수 있는 조건은 하나님께서 우리와 함께 하시는지 그렇지 않은지에 달려 있습니다. 이 차이를 어떻게 해야 할 것인가? 하나님을 진실로 믿는 것과 적당히 믿는 것의 차이는 하늘과 땅 차이입니다. 우리 사랑하는 양떼들에게 기도에 대해서 이야기 해 줄 때, 기도를 이렇게 저렇게 하라는 말 보다는 기도를 누구에게 할 것인가를, 어떤 내용으로 할 것인가를 가르쳐 주지 않으면 안 됩니다.

전지전능하신 그 분에게 기도할 것인가? 있어도 좋고 없어도 좋고, 할 수도 있고 안 할 수도 있고, 해줄 수도 있고 안 해줄 수도 있는 그런 기도를 할 것인가? 그 실체를 확인 시키십시오.

내가 믿는 것만큼 하나님은 역사하십니다.

우리의 삶 속에서 그 분이 창조적인 기도를 할 수 있도록 그분의 영을 풀어놔야 합니다.

하나님 내게 와서 마음껏 역사하십시오. 앞이 되건 뒤가 되건 높이든 낮추든 아무 상관이 없습니다. 주께서 역사하십시오. 그 역사하심을 우리가 뚫어지게 봐야 합니다.

기도의 시간은 내가 입술로 말을 하는 시간이 아니고 그 분이 역사하시는 것을 뚫어지게 바라보는 시간입니다.

날마다 새롭게 하는 역사

　침묵기도는 그분과 하나의 마음을 만들어 가는 창조적 역사의 순
간들입니다. 침묵 속에서 기도가 진행되는 단계들이 있습니다. 기도
는 입을 놀리는 단계가 아닙니다. 바라봄의 단계입니다. 듣는 단계입
니다. 그 분이 어떻게 역사하시는지 뚫어지게 보는 것입니다. 앉아서
멍하니 본다는 것이 아닙니다. 온 신경을 곤두세우고, 온 생명을 거
기에 쏟아서 매 순간 기도할 때마다 "오늘 내가 이 기도하고 죽으리
라. 이 기도가 내 인생의 마지막 기도이다." 그럴 때 그 기도 안에 담
을 수 있는 내용이 과연 무엇이어야 될까요?

　하찮은 인생의 이야기를 담을 수 있을까요? 아니면 "나를 통해서
하나님의 선하신 역사가 이루어지도록 하십시오. 내 생명 이제 마지
막입니다. 마지막 내 생명이 이 기도와 동시에 사라집니다. 하나님
역사하십시오. 내 생명이 살아있는 동안에 하나님의 역사가 나를 통

해 이루어지길 원합니다. 하나님 내가 살아있을 동안에 당신의 역사를 이루소서. 내 기도를 통해서 하나님의 영광이 드러나게 하옵소서."

모든 영과 모든 혼과 모든 육체와 모든 진액과 모든 피와 모든 마음이 거기에 다 집중되는 기도를 해야 하지 않겠습니까? 바로 이런 기도가 영적지도자들이나 참된 기도를 원하는 크리스천들이 추구해야 할 기도입니다.

비록 그것을 모으는데 흩어지고 산란한 것이 있고 뭔가 방해하는 것이 있을지라도 그것을 깨뜨리고 그것을 넘어가면서 초점을 그분에게 모을 때, 초점을 하나님께 모은 것만큼 우리의 기도는 폭발력을 가지게 됩니다.

창조적 기도의 새로운 단어가 여기서 태어납니다. 이 창조적 기도가 우리에게 무엇을 가져오는가? 우리의 한 날을 새롭게 합니다. 우리의 사역을 새롭게 합니다. 우리의 생명을 새롭게 합니다. 우리의 역사를 새롭게 합니다. 우리의 미래를 새롭게 합니다.

그렇다면 앞으로 기도가 어떤 자리에 들어가야 할까요? 말할 것 없이 창조적 기도에 들어가야 합니다. 이것은 필연적인 귀결입니다

내 의지로 기도하던 것이 내 의지에서 차츰차츰 하나님의 의지로 바뀌도록 해야 합니다.

영혼의 기도로 바뀌도록 해야겠지요? 그 다음 내 입술의 기도에서 마음의 기도로 방향을 바꿔야 합니다. 그 다음에 우리의 기도는 내 열정의 기도에서 성령의 열정의 기도로 바뀌도록 해야 합니다.

그 다음 내가 그 분 앞에 펼쳐놓은 것이 아니고 그 분이 나를 통해

서 역사하시도록 나를 풀어 놓는 것입니다. 내 입술의 기도가 그 분 앞에 펼쳐지는 것이 아니고 내 마음을 풀어 놓고 거기에 하나님의 영의 기도가 내 마음 속에서 불꽃처럼 피어오르게 하라는 것입니다.

하나님의 은혜의 강에, 하나님의 사랑의 호수에, 하나님의 능력의 샘에 기도는 침잠해야 합니다. 깊이 잠겨야 합니다. 우리의 기도가 이렇게 잠길 때 그 기도는 기도가 끝나는 그 순간부터 폭발하는 능력을 갖게 됩니다.

이것은 단순히 생각으로 이루어지는 것이 아닙니다. 내 의지를 가졌다고 이루어지는 것이 아닙니다. 과정을 밟아가야 합니다. 어떻게 밟아가야 합니까?

수없는 봄의 개나리가, 수없는 가을의 국화가, 수없는 겨울의 눈보라들이 오고가고 하면서 그 분을 찾아 나서야 합니다. 한 순간에 도깨비 방망이처럼 금 나와라 뚝딱하며 기도의 자리에 들어가는 것이 아닙니다. 이 기도에 들어가기 위해서는 마음이 맑아지는 많은 샘들을 지나가야 합니다. 수많은 계곡들을, 가파른 절벽들을 기어올라야 합니다. 많은 빛과 많은 어두움들을 건너고 또 건너는 과정을 통과해야 합니다.

제2장

기도와 영적 전쟁

여호와께서 아모리 사람을 이스라엘 자손에게 붙이시던 날에 여호수아가 여호와께 고하되 이스라엘 목전에서 가로되 태양아 너는 기브온 위에 머무르라 달아 너도 아얄론 골짜기에 그리할찌 어다 하매 태양이 머물고 달이 그치기를 백성이 그 대적에게 원수 를 갚도록 하였느니라 야살의 책에 기록되기를 태양이 중천에 머 물러서 거의 종일토록 속히 내려가지 아니하였다 하지 아니하였 느냐 여호와께서 사람의 목소리를 들으신 이 같은 날은 전에도 없 었고 후에도 없었나니 이는 여호와께서 이스라엘을 위하여 싸우 셨음이니라 (수10:12~14)

영적인 기도의 무한한 능력

우리는 피조물 세계를 대할 때마다 해와 달의 세계를 넘어 그 다음의 세계는 무엇일까 동경합니다. 그곳은 신비의 세계입니다. 하나님의 숨겨진 세계입니다. 미지의 세계, 즉 원시림의 세계와 같습니다.

이제 창조적 영의 세계, 창조적 기도 그리고 그 창조적 기도와 영성의 원시림, 한번도 들어가 본적이 없는 영의 미지의 세계로 들어가 보기로 합니다.

창조적 기도라고 하면 미개척지처럼 우리에게는 낯선 표현으로 느껴집니다. 어떻게 기도하는 것이 창조적인 기도인가 우리는 자문을 하게 됩니다.

창조적 기도의 모델케이스 중의 하나가 여호수아의 기도입니다.

이스라엘 전투 사령관인 여호수아가 하나님을 향해 기도합니다.

"하늘에 계신 아버지 내 기도를 들어 주십시오." 그의 기도는 이렇게 시작됩니다.

그리고 그 기도의 엄청난 결과를 봅니다. 오늘 성경에 기록된 말씀대로 우리의 기도는 핵폭발과 같은 결과를 만들어 내는 잠재적 능력을 갖고 있습니다.

이 잠재되어 있는 파워를 내가 어떻게 활용하는가. 그것이 참 어렵고 핵심적인 문제입니다. 내재되어 있는 잠재적 파워를 활용하는 조건은 바로 영적인 기도입니다. 영적인 기도는 폭발력을 가지고 있습니다. 영적인 기도는 초자연적인 능력을 발휘하는데 그것은 가장 좋은 때, 가장 좋은 장소에서, 가장 좋은 조건으로 우리 삶의 현장에서 역사합니다

이 영적인 기도는 영적인 사람만이 할 수 있습니다. 사람에게는 육이 있고, 혼이 있고, 영이 있습니다. 아무리 멋진 옷을 입고 아무리 지식이 많아 박사학위를 몇 개씩 가지고 있어도 육은 육이고 혼은 혼입니다.

혼이 영이 된다는 것은 기적과 같은 것으로 비유됩니다. 그것이 가능할까 싶을 정도로 힘든 일입니다. 혼적인 사람을 데려다 놓고 아무리 영적인 자리에 가자고 해도 안갑니다. 천금을 갖다 줘도 안 갑니다. 길거리에서 다른 종교 믿는 사람을 데려다가 "예배드립시다." 그러면 올까요? 어림도 없는 소리입니다. 돈 줘도 안와요. 한 시간 앉아 있으면 천만 원 준다고 하면 그 천만 원 때문에 앉아 있을지는 모르지만 결코 그는 예배를 드릴 사람이 아닙니다.

지금도 저는 수많은 사람들을 만나고 있는데 그들에게 "영의 길로

들어오십시오."하고 권유해 봅니다. 그러면 그들의 하는 말이 천편
일률적입니다. 올듯 올듯 하면서도 마지막에 조건을 제시하는 것이
육의 조건이 해결 된다면 영의 길로 들어오겠다고 합니다. 그런데 그
것을 해결해주고 영의 자리에 들어 왔다고 해도 일단 영의 자리에 들
어와서 만사가 순조롭게 잘 되면 좋을 텐데 가다가 안 될 경우에 그
사람은 어떻게 할까요?

베드로와 제자들이 했던 것처럼 왔던 그 자리로 다시 갑니다. "이
제 우리의 소망이 깨어졌으니 옛날로 돌아가자. 나는 고기 잡으러 간
다." 하고 본래의 그 자리로 도로 돌아갑니다. 영적인 자리에 들어오
는데 그가 요구하는 99가지가 해결 되어서 들어왔어도 진행하는 중
에 한 가지만 안 되어도 그는 육의 자리로 다시 가 버립니다. 그런 사
람들이 우리 주위에 많이 있습니다. 실제로 그들은 영의 자리에 들어
오면서도 영의 자리에 발을 한 발짝 들여 놓고 육의 자리에도 한 발
짝 들여 놓고 상황에 따라 들었다가 놓았다 들었다가 놓았다 합니다.
어떤 때는 영의 자리에 발을 담궜다가 어떤 때는 육의 자리에 발을
담급니다. 여기에 갈멜산에 운집한 백성들에게 양자택일 하라고 하
던 엘리야의 외침이 들려와야 합니다. "야훼가 너희 신이라면 그를
택하고 바알이 너희 하나님이라면 그를 택하라. 언제까지 기회주의
자가 되겠느냐(왕상18:21)." 엘리야는 세상에 눈이 밝고 하늘에 눈이
어두운 백성들에게, 너희들의 발목을 잡는 땅의 유혹들에 끌려가지
말고 너희 생명을 주관하는 참 신을 찾으라고 합니다. 그를 잡으라고
합니다. 그러나 사람들은 당장 눈앞의 사탕만 찾고, 고기만 먹으려 합
니다. 사탄의 육신적 유혹들이 그들을 지옥까지 끌고 가려고 합니다.

왜 그것들이 사람을 그렇게 괴롭히는지 여기에 대한 답을 구해야 합니다. 그것은 그가 하나님을 제대로 알지 못하기 때문입니다.

그가 하나님을 알았다면 그렇게 하지 않았을 것입니다. 육이 혼의 자리에 올 때는 즉시 육에서 발을 뺍니다. 그리고 혼의 자리에서 영의 자리를 알았을 때도 그가 알았다고 하는 순간에 즉시 발을 빼게 되지요. 그런데 알았다고 하면서 발을 빼지 못하는 이유는 제대로 알지 못했기 때문입니다. 영혼에 대한 무지가 그를 어리석게 만들기 때문입니다.

찬양과 영적 전쟁

혼과 영이 싸움하는 세계에 대해 한 가지 예를 들어 보겠습니다.

2000년 초의 일입니다. 한국에서 영적 찬양을 잘한다는 교회 홍보 전단지를 보고 3박 4일 동안 경배와 찬양을 하는 자리에 갔습니다.

첫날 저녁에 그들과 더불어 찬양을 했습니다. 그 찬양 팀은 영적인 목회를 지향하는 교회의 찬양단 입니다. 하나님께 영적찬양을 드리고자 하는 찬양단 이었습니다. 육적이거나 혼적인 그런 예배를 드리는 자리에서 한 계단 올라서려고 하는 교회라고 생각합니다.

유명한 사람과 찬양팀이 연주를 하고 경배와 찬양을 하는 그 자리에 저도 열성과 기쁨으로 찬양을 했지요. 온 몸과 온 영으로 찬양만 했습니다. 그런데 찬양리더가 제게 와서 불쑥 한마디 합니다. "목사님 기도 때문에 찬양을 할 수가 없습니다. 기도 좀 안 할 수 없습니까?" 그 말에 제가 "기도는 안하고 찬양만 했는데 무슨 말을 그렇게 하느냐” 대답했습니다. 내 말을 들은 찬양리더는 그래도 제게 부탁을 합니다. “기도 좀 안 하시면 찬양이 잘될 것 같습니다.” 그래서 나는 기도는 안하고 찬양만 할 것이니 가서 찬양을 하라고 하고 그 날이 지났습니다.

그리고 그 다음날에도 가서 찬양을 했습니다. 어제 일어났던 일은 생각지도 않고 기쁜 마음으로 찬양을 하고 있는데, 이번에는 그 교회에서 통역 사역을 하는 분이 제게 찾아왔습니다. “목사님이 기도 좀 안 해 주시면 저 찬양팀이 찬양을 제대로 할 수 있겠다고 하니 제발 이제 기도 좀 하지 말아 주십시오.”하고 또 부탁을 합니다. 그래서 “나는 찬양을 했지 기도 안했다”고 했더니 하여튼 기도하지 말아 달라고 그럽니다. 이 찬양 행사를 위해서 목사님이 기도하지 말아 달라고 합니다. 그래서 알았다고 가서 찬양을 하라고 그랬습니다. 참으로 영과 혼의 세계를 깊이 생각하게 하는 찬양의 밤이었습니다.

이 사건을 계기로 찬양에서도 영적전쟁의 생명을 건 싸움이 있음을 체험하게 되었습니다. 그 당시에 저는 산에서 보름 정도 기도하고 내려왔기 때문에 아주 맑은 상태이고 사람들하고 별로 대화도 없었고 말씀묵상과 기도에 전념하였기에 영혼이 맑은 상태였습니다. 또 30대 젊은이들하고 60이 넘은 저하고는 찬양과 기도의 세계에서도 뭔가 달랐겠지요. 그들이 찬양하는데 자기의 의대로, 자기의 땀대로, 자기의 힘대로 잘하겠다는 마음이 그들에게 꽉 차 있었을 것입니다. 그래서 그들이 나타낼 수 있는 최상으로 잘한다고 했지만 그들의 찬양의 곡과 가사 속에 영의 요소가 어느 정도만큼 들어가 있는가, 혼의 요소가 어느 정도만큼, 그리고 육의 요소가 어느 정도 들어 있는지 그것이 문제입니다.

　민족의 비극인 6.25 전쟁 때 공산주의와 민주주의가 전쟁을 했습니다. 그때 죽이기 아니면 죽기로 전쟁을 했지요. 그 전쟁을 제가 직접 체험했기에 그 비극들을 생각하면 50년 훨씬 지난 오늘에도 소름이 끼칩니다. 이와 같이 혼의 세계와 영의 세계가 죽이기 아니면 죽기로 전쟁을 하고 있습니다. 내가 죽는가, 내가 사는가? 그것이 영과 혼의 세계에서도 또한 육체와 영의 세계에서도 순간순간마다 아주 치열하게 전개 됩니다. 그 싸움을 우리가 감지할 수 없어 그렇지 실제로는 죽고 사는 전쟁입니다. 생사를 판가름하는 혈투입니다.

　저도 그날 찬양을 하면서 제가 하는 찬양의 세계를 보게 되었습니다. 그래서 그 다음날은 찬양집회에 가지 않고 혼자 산으로 갔습니다. 찬양도 곡조 있는 기도라고 들어 왔지만 그 실체를 현실에서 부딪쳐 본 후 그때 비로소 찬양도 기도라는 그 의미를 실감하게 되었습니다. 찬양 인도자의 "목사님 기도하지 말아 주십시요." 라는 그 말이 뼛속으로 예리하게 파고들었습니다. 그것은 그들 혼의 외침이었습니다.

　'찬양도 기도' 라는 것을, 찬양에도 권세와 능력이 있다는 진실을, 그걸 내게 깨우쳐 주시려고 그랬구나! 그때 '주님 참 고맙습니다. 감사합니다' 는 그런 마음이 뼈가 녹아질 정도로 하나님의 불꽃으로 새겨지게 되었습니다.

　그리고 이제 우리 교회에 그룹으로 활동하는 찬양팀에게 일어난 일을 이야기 해 보겠습니다. 6명의 대원 중 팀리더는 13년간 대형집회 찬양 경력이 있는 실력이 있는 음악목사였고 춤추듯 연주하는 그

멤버들은 피아노, 신디사이저 연주가, 드럼 치는 자, 또한 음악을 전공한 싱어들이었습니다. 이 팀의 연주자들은 외관으로 보기에는 참으로 화려하고 그 노래도 최상이었습니다. 10년 이상 찬양을 해왔고 가는 곳마다 알아주는 팀이었고 감정 처리하는 것을 보면 얼마나 잘하는지 모릅니다. 함께 찬양을 하다보면 신나서 감동하게 됩니다.

그들이 보통 때 평범하게 연주할 때는 별다른 징후가 보이지 않지만 그들의 찬양에 열기가 오르고 생기가 돋을 때 그들은 신들린 자들처럼 연주하게 됩니다. 이때 그들이 찬양하는 중에 그들 속에 가지고 있는 그 무엇이 자연히 드러나고 흘러나옵니다. 그런데 그들 중 한 사람에게서 어두움이 흘러나오는 것을 보게 되었습니다.

이 심각한 사실의 이해를 돕기 위해 한 가지 예를 들면 그것은 바로 술로 인해 생겨지는 인간과 술의 마력과의 어쩔 수 없는 악순환의 3단계입니다.

제1단계는 사람이 술을 먹고 술을 즐기고 술을 사랑합니다.

제2단계는 술이 술을 먹는 단계로 인간을 중개자로 하여 술이 술을 즐깁니다. 이 단계에서 인간은 이성으로 자기 콘트롤이 가능합니다.

제3단계는 술이 사람을 먹습니다. 이 단계에서는 사람은 완전 이성을 잃고 통제 불가능 상태로 주신(술의 신)의 완전한 노리개 감이 되며 이 때 술로 인해 그 인간의 본성이 벌거벗은 채 드러납니다.

이처럼 찬양도 그와 같습니다. 찬양에 완전히 취하게 되면 속에 있는 것이 나오게 됩니다. 그들의 찬양 속에 어두움이 있으면 교인들에게 영향을 미치게 되니 참으로 문제가 됩니다. 그들 내면의 세계에 있는 꿀단지가 열리든지, 아니면 된장 단지가 열리게 됩니다. 만약 된장 단지가 열리면 그 냄새를 방에 있는 모든 사람들이 마시지 않을 수 없을 것입니다. 그리고 회중들은 자신도 모르게 오염되고 중독이 됩니다. 그래서 그 사람을 일 년간 찬양을 중단하고 깊은 산속 기도 자리에 들어가서 자신속의 된장을 비우고 오라고 했습니다. 본인에게는 다시 살아날 수 있는 하늘이 주신 기회가 되는 것입니다.

삶과 죽음이 공존하는 기도의 세계

올바른 기도의 가르침을 받지 못하는 사람들의 기도의 자리에 나타나는 결과들을 한번 둘러보시기 바랍니다. 기도의 자리는 그분이 초청해서 들어가지만 그 기도가 하나하나 쌓이고 쌓일 때마다 그 자리에 삶과 죽음이 서로 치열하게 대결합니다. 그것을 알고 기도 자리에 앉을 때 그 자리는 생명부활의 자리가 되고, 그것을 알지 못하고 기도의 자리에 앉았을 때 그것은 본인이 파멸하는 자리가 됩니다. 하나님께 기도하는데 왜 파멸하는 자리가 되나 의심을 가질 수 있을 것입니다. 이해하지 못할 때는 참으로 난감한 일이지요.

저는 분명히 보아 왔고 실제로 많은 체험을 했기 때문에 이와 같은 진지하고 진실된 사실을 알려 드립니다. 기도하는 것 그것은 바로 죽음과 삶이 판결나는 자리요, 하나님과 만나는 자리요, 지존하신 하나님 앞에 신을 벗고 무릎 꿇는 자리입니다. 내 영혼과 육체의 모든 누더기를 벗고 순전하게 서는 자리인데 만약 내가 벗지 않는다면 하나님의 불꽃으로 그것을 완전히 불태우실 것입니다. 그런 연후에 기도자리에 무릎 꿇게 하실 것입니다.

우리의 기도가 어떻게 드려져야 할 것인가? 그것은 내가 드리는 기도 자체가 창조적 능력을 가지고 있다는 것을 기도하는 순간순간마다 인식하고 확인해야 합니다.

그런데 왜 제가 두렵다고 하는가 하면 기도에는 창조적인 능력이 있어 우리에게 역사하시는 성령의 인도하심 따라 기도가 진행되기 때문입니다. 그러다가 우리의 기도가 1년, 2년, 10년, 20년, 30년, 50년 쌓여 가면 쌓여 갈수록, 우리의 기도가 10분에서, 30분, 1시간, 2시간, 5시간, 10시간, 16시간, 24시간 이렇게 연속기도가 진행되면서 부터 잘못하면 문제가 생길 수 있다는 것입니다.

기도할 때 내가 기도하는 연수 만큼, 기도하는 시간의 폭 만큼, 기도의 깊이 만큼 어쩌면 그것들과 비례하여 자신이 교만해지거나 오만, 독선에 빠질 위험이 있습니다. 왜냐하면 사탄이 우리의 틈을 엿보고 있기 때문입니다.

기도의 세계에 깊이 들어가면 들어 갈수록, 성령의 인도하심을 받으면 받을수록 하나님의 음성을 듣는 것만큼, 듣는 그 깊이와 넓이와 높이와 그 길이에 따라서 사탄의 유혹을 더 받게 되는 그런 자리로 자신도 모르게 들어가게 됩니다.

어린 아기가 배고프다고 방에서 울면 밭 매던 엄마는 호미를 내팽개치고 손 씻을 생각도 안하고 쫓아가서 앞섶을 풀어 헤치고 그 손으로 젖꼭지를 아기 입에 물립니다. 그때 아기 입에는 흙도 묻을 수가 있지만 그게 문제가 아니겠지요. 하나님과 우리 사이에 우리가 어린 아기처럼 울기만 하면 닦아 주고 똥도 치워주고 오줌도 누여주고 배고프다고 하면 젖꼭지 물려주는 것을 계속해서 하는 초보적인 단계를 말하는 것이 아닙니다.

기도의 깊은 자리에 들어가고 기도가 익어 가면 갈수록, 기도를 많이 해서 어떤 높은 자리에 올라선 사람은 자신도 모르게 유혹을 받습니다. 기도의 과정에 얻은 은사나 능력들을 내가 했다고, 내가 열심히 기도해서 취득을 했고, 내가 살을 도려내고 뼈를 깎으며 피 흘리는 기도를 해서 은사나 능력을 가지고 있다고 합니다. 그래서 깊은 영의 세계에 들어가 있는 영성인들 중에 교만에 빠진 사람들을 뭐라고 말하는가 하면 선하게 씨를 뿌려서 악으로 거둔다고 말합니다. 사탄의 종이라고 말합니다. 사악한 기도의 자리에 가 있는 사람들에게 제가 한 말이 아닙니다. 기도의 깊은 세계에 들어가 있는 기도의 지혜자, 스승들이 염려하며 하시는 말업니다.

우리 주위에 기도의 세계에 깊이 들어가려는 사람이 있거든 그가 성령의 열매를 나타내는지 아닌지 주의 깊게 관찰해 보십시오.

그에게서 성령의 속성인 사랑과 희락과 화평과 오래 참음과 자비와 양선과 충성과 온유와 절제가 있는지, 그의 말 한마디 한마디에서 나타나는지, 그의 얼굴 표정 하나하나에서 나타나는지(갈5:22), 그의 몸짓 하나에서 보이는지 안 보이는지 보십시오. 보고 난 다음에 그것이 보이면 그 말을 믿으시고 안보이면 저건 악의 종자라고 단정하십시오. 그리고 가까이 하지 마십시오.

왜그런가 하면 겸손의 자리에 들어간 자, 진짜 영성인의 자리에 들어간 자, 성령의 인도함을 따라 기도의 자리에 들어간 사람은 충실하게 익어가는 이삭처럼 머리 숙입니다. 날이 가면 갈수록 자신의 자랑과 은사와 능력을 감춥니다.

자기의 은사나 능력이나 권능이나 무엇이든지 그것을 내 것이라고 하는 사람들, 내가 했다고, 내가 받았다고, 내가 할 수 있다고 하는 사람들은 극히 염려하고 기도해야 할 것입니다. 왜냐 하면 자기만 지옥 가는 것은 아무 염려가 아닙니다. 그 사람이 어떻게 죽는 것도 관심 밖이지만 그 사람이 가는 곳곳마다 생명을 죽이고 양들을 파멸시키니 그것이 문제라는 것입니다.

사악한 기도의 자리까지 간 사람들, 그 능력 가지고 어리석고 미련한 양들을 가차 없이 잡아서 껍데기를 벗기고 고기를 삶으며 그 피를 즐깁니다. 왜그러는가 하면 그의 기도의 자리는 영을 파멸시키는 장례식장이기 때문입니다. 그래서 하나님의 진실한 종들은 기도자리에서 거룩한 영(Holy spirit)이 악한 영을 제압하고 축출하는 자리, 성령의 역사가 함께 하는 자리로 만들어야 합니다.

또한 깊이 유념해야 할 것은 누구든 기도해서 받은 은사나 능력이나 권세나 무엇이든지 사용했으면 쓰고 난 다음에 "잘 썼습니다." 하고 하나님께 돌려드려야 합니다. 겸손의 자리에 들어간 사람은 자기의 기도에서 언제나 돌려 드리며 "주여, 잘 활용했습니다. 주님 받으십시오. 제게 주신 분이 주님이시니 주님 받으십시오." 라고 합니다.

그러나 사악한, 삐뚤어지고 뒤틀린 길에 들어간 사람은 받은 대로 주머니에 집어넣습니다. 받은 것 절대 안줘요. 내가 10년, 20년 기도해서 받은 것이라고 가시돋힌 말을 합니다. 내가 금식하고 단식하고 절식하고 눈비 맞아 가면서 받은 것을 내가 왜 줘, 어림도 없지 안줘, 그런 소리 말라고 합니다.

그래서 우리는 미련하고 어리석은 이들에게 기도의 생명, 창조적 능력을 깨우쳐 주길 원합니다. 기도에도 생명이 있다고, 태어나서 성숙하고 꽃 피고 열매 맺어 죽으면 또 다른 창조적 기도 생명이 움트고 자라난다고, 과거의 것은 과거에 유용한 것이었으나 오늘은 거추장스럽고 불필요 하다는 것을 말입니다. 이런 진실을 아는 지혜가 절실히 필요합니다. 새로운 기능과 효율이 다시 태어나기 때문입니다. 생명 있는 기도는 현실 상황에 따라 순간순간 대응하는 초자연적인 능력이 있습니다.

하나님의 영역을 침범하는 기도

이제 여호수아를 통해서 여호수아의 창조적 기도와 영성이 우리들의 것이, 바로 내 것이 되기를 원합니다. 여호수아도 우리와 똑같은 사람입니다. 우리도 기도의 능력을 갖고 있습니다. 그것을 우리가 발견하면 눈과 귀와 코와 입과 양손 양발 자유자재로 우리는 얼마든지 잘 활용할 수 있습니다.

그런데 자기 자신을 잘 활용하지 못하는 이유는 아직도 영혼의 듣기 단계에 들어가 있지 못했기 때문입니다. 영혼의 세계에서 바닷가의 어린 아이들처럼 살랑살랑 파도치는 바닷물에 손등을 간지럽히는 감각에 정신을 쏟고 있기 때문입니다.

그러면 창조적 기도와 영성이 무엇인가를 다시 한번 여호수아 10장을 통해서 점검해 보겠습니다. 창조적기도의 능력을 실감합니다. 그 능력에 하늘과 땅이 흔들립니다. 모든 피조물이 하늘을 향하여 숨을 죽입니다. 어찌 이런 일이 일어 날 수 있는지 하나님을 응시합니다. 그리고 침묵합니다. 숨도 제대로 쉬지 못하고 침묵을 삼킵니다.

하나님께서 사람의 기도를 들으시는데, 인간의 영역뿐 아니라 자연법칙의 세계에 초자연적으로 관여하시는 하나님의 영역까지 침범하는 기도를 하나님 그분이 들어주신다는 놀라운 권세 앞에 참으로 말문이 막히고 기가 막힙니다. 하나님의 영역 거기까지 기도가 가능하다는 것입니다.

그런데 어떻게 하나님의 영역에까지 우리의 기도가 다가갈 수 있습니까?

그것은 하나님의 은총으로 하나님께서 그런 특권과 특성을 우리에게 주셨기 때문입니다. 어떤 특권과 특성인가요? 하나님이 인간을 만드셨고 그의 숨결을 우리에게 주셨는데 그의 숨결 속에 뭐가 있습니까? 하나님의 온갖 것이 다 들어가 있습니다. 그래서 우리가 영으로 기도할 때 하나님의 영이신 그가 우리 기도를 도우십니다. 우리가 영으로 얼마만큼 가까이 가느냐에 따라서 기도도 비례합니다. 기도 속에 영의 부분이(하나님의 뜻) 10% 있는 것과, 50% 있는 것과 70% 있는 것과는 많은 차이가 납니다.

하나님의 그 거룩하고 공의로우시고 순결하시고 아름답고 그 선한 영에 우리 영이 얼마나 가까이 가느냐에 따라 하나님이 우리에게 가까이 하시게 됩니다. 우리가 하나님께 가까이 갈 때 하나님이 가까이 옵니다. 이것이 하나님과 우리 사이의 인격적 관계입니다.

우리가 하나님을 사랑하는 만큼 하나님도 사랑으로 우리에게 오십니다.

하나님과 우리의 관계에서 하나님이 간절히 원하는 것은 "내가 네 속에서 나의 뜻을 꽃 피우기를 원한다."는 것입니다. 그것은 바로 기도를 이루어 주시겠다는 하나님의 약속입니다. 하나님께서 내 기도를 들어 주신다는 약속은 하나님의 뜻을 이루는 기도를 우리가 해야 한다는 것입니다.

우리가 기도할 때는 동일한 말, 오늘도 내일도 매일 같은 기도의 내용을 반복하지 말아야 합니다. 기도 내용을 반복하지 말고 그 다음 하나님의 말씀을 묵상할 때 어제와 같은 자리에서 같은 방법으로 묵상하지 말고 조금씩 조금씩 전진하고 앞으로 나가고 성숙하고 성장하라는 것입니다.

우리의 기도가 계속될 때 계속되는 우리의 기도가 제자리에 묶여 있어서는 안 됩니다. 어저께 기도했던 기도의 제목, 오늘 마치 내가 그것에 묶여 있는 것처럼 그 기도를 해서는 안 된다는 것입니다. 어제도 내가 내 입술로 기도했지만 동일한 얼굴이요 동일한 혀, 입일지라도 어제 내 혀가 움직였던 그 내용과 오늘 움직이는 내 입의 기도의 내용이 묶여 있어서는 안 된다는 것입니다. 묵은 공기를 계속 마시지 말고 새로운 산소를 호흡해야 합니다. 우리의 기도가 묶여 있는 자리에서 자유하여 순간순간 새 생명으로 발전, 성숙의 새로운 생기를 모으는 자리로 나아가야 합니다.

그것을 우리는 창조적 기도라고 합니다. 묶여 있는 기도, 어제나 오늘이나 똑같은 기도는 창조의 능력을 우리가 스스로 포기하는 것입니다. 어제의 기도 내용과 오늘의 기도 내용이 같다면 우리는 스스로 창조적인 능력을 포기한 기도를 하고 있다는 것입니다. 지금까지는 몰라서, 무지해서 그랬다 하더라도 이제 이후로는 될 수 있는 대로 그런 기도를 하지 말아야 할 것입니다. 어제 했던 그 마음으로 기도의 자리에 앉지 마십시오. 어제 보다 한 걸음 더 주님 앞으로 나아가십시오.

그럴 때마다 우리의 기도는 계속해서 발전해 갑니다. 발전한다는 것은 새로운 일을 만들어 낸다는 것입니다. 하나님과 우리 사이에 새 역사를 만드는 것입니다.

기도는 새로운 역사를 만들어 내는 신비한 하늘 무기입니다. 새로운 창조의 무기입니다. 새로운 일을 만들어 낸다는 것을 하나님의 새로운 역사를 만들어간다, 창조한다고 말합니다.

새 밥을 만든다는 것은 묵은 밥을 뜨거운 물로 데워서 새 밥처럼 만드는 것을 의미하지 않습니다. 새 밥이라는 것은 매끼마다 새 쌀로 새롭게 밥을 하는 것을 새 밥이라고 합니다. 묵은 밥이라는 것은 지난 식사 때에 만들어 놓았던 밥입니다. 그 밥이 어제 낮에 했든, 어제 저녁에 했든, 오늘 아침에 했든 묵은 밥은 묵은 밥입니다. 어제 아침에 한 밥은 더 묵었으니 더 나쁘고 어제 밤에 해 놓은 밥은 덜 묵었으니까 좋다고 따질 것이 아니라 아무튼 묵은 밥은 지나간 밥입니다.

그래서 우리가 기도의 자리에 들어 갈때는 새 밥을 만드는 자리가 되어야 합니다. 똑같은 쌀이고, 똑같은 물이고, 똑같은 전기가 들어가지만 새로 만드는 밥은 어저께 만들어 놓은 밥하고는 차이가 나고 달라야 한다는 것입니다.

불타오르는 기도

통성기도는 내 목소리가 얼마나 커졌는가를 말하는 것이 아니라 내 영이 하나님의 영에 얼마만큼 가까이 갔는가? 그것을 말하는 것입니다. "오늘은 10%야, 내일은 15% 가까이 가야지." "한 시간 전에 너하고 나하고 기도한 것 보니까 15% 가까이 갔으니, 우리 차 한 잔 마시고 이제부터는 우리의 마음과 우리의 육체와 우리의 영이 기도하는 거야!" 그렇게 말하면서 20% 가까이 갈 때까지 기도하는 것입니다. 지혜를 다해 끈기 있게 도전해야 합니다.

하나님이 우리에게 원하는 예배가 무엇입니까? 내 온 몸과 내 온 마음과 내 온 정성과 그리고 내가 갖고 있는 것 다 드리라고 하셨습니다. 바로 기도가 그것입니다. 내 몸과 내 마음과 내 정성, 온갖 것 다 가지고 그 자리에 들어가는 것입니다. 그것을 온전한 기도의 요소라고 말할 수 있습니다.

그런데 우리는 때로는 몸만 가서 기도합니다. 고함만 치고 마음은 빨리 시간이 지나갔으면 합니다. '목사님이 한 시간 기도하라고 했는데 아직도 30분밖에 안 갔네. 30분을 어떻게 보내지?' 화장실 한 번 갔다 오고 뭐 하고, 자 이렇게 되면 그 기도는 아무것도 이룰 수 없는 형식적인 기도에 그칩니다. 생명이 없는 기도가 됩니다.

우리가 기도의 자리에 들어갈 때 우리의 마음가짐이 어떠해야 하는지 생각해 봅시다. 낮은 동산에 녹지공원이 하나 있습니다. 나무도 많이 있고 꽃도 있고 새도 있고 운동하기도 좋은 공원입니다. 계단을 세어보니까 100개 입니다. 공원에 올라가기 위해서는 50계단에서 주저앉으면 그 계단의 정상에 있는 넓은 공원에 올라갈 수가 없습니다. 50계단에 있을 때 뒤에 있는 49계단을 쳐다본다고 해서 앞에 있는 50계단이 올라가지는 것이 아닙니다. 오히려 올라가는데 방해만 됩니다. 내가 50계단의 기도의 자리에 올라가 있을 때 나머지 앞에 있는 51번째 계단에 발을 올려야지 뒤에 있는 49개 계단을 돌아 볼 때는 기도가 자꾸 가라앉게 됩니다. 앞을 봐야 합니다. 올려다봐야 합니다. 그래야 기도가 계속해서 올라갑니다. 99계단까지 갔어도 하나 더 올라가야 넓은 공원에 가는데 앞으로 하나만 남았으니 여기서 쉬었다 가자고 앉아 보십시오. 결코 그에게는 녹지공원은 허용되지 않습니다. 99계단에 앉아 있는 한 영원히 그 계단 그 자리에 있을 뿐입니다. 99계단 그 자리서 한 계단을 더 밟아 넓은 그 공원에 들어가야 됩니다.

기도의 자리에서 바로 한 계단 한 계단 이렇게 기도해서 우리는 99개 계단 지나서 100개의 계단, 즉 공원에 올라가게 됩니다. 그때 그 기도의 한 계단 한 계단마다 높이가 있습니다. 기도의 깊이와 기도의 능력이 한 계단이 다르고 두 번째 계단이 다르다는 뜻입니다. 첫째 계단의 기도의 길이와 넓이와 높이와 깊이가 있는 것처럼 열 번째 계단에도 똑같은 것이 있습니다. 그런데 첫 번째 계단의 깊이와 높이와 넓이와 길이와 똑같은 것으로 열 번째 계단에서 그대로 한다면 얼마나 손해입니까?

10살 먹은 아들에게 5살 때 입었던 옷을 억지로 입으라고 하면 입혀집니까? 아빠가 억지를 부리니까 결국 화내면서도 입기는 입겠지만 옷을 찢는 것밖에 다른 도리가 없습니다. 입으려는데 안 들어가니까 가위로 찢어서 입습니다. 그런데 왜 우리 자녀들에게 옷을 입으라고 할 때는 그것이 억지고 비합리적이라는 판단이 우리 눈에 들어오면서 우리의 기도하는 자리는 왜 이런 생각을 하지 않습니까? 우리가 기도할 때 다 큰 사람이 애들 기도하고 앉아 있는 것은 그 기도의 자리에서 아이들 옷 입고 우스운 일 하고 있는 것과 똑같은 것이라는 것을 알아야 합니다.

창조적 기도는 살아 있는 모양과 같은 것입니다. 어제까지 내가 해 온 기도의 깊이와 높이, 넓이와 길이가 오늘 기도할 때 똑같이 적용이 된다면 난 묶여 있는 기도를 하고 있는 것입니다. 창조의 능력을 스스로 포기한 사람들입니다.

내가 기도하는 것은 그 기도가 창조하는 능력을 가지고 있기 때문에 하나님 앞에서 사인을 받아내는 것입니다. "내 기도가 하나님 보시기에 합당합니까? 하나님! 이 기도에 사인해 주십시오." 하나님이 사인해 줬으면 받아서 예수님처럼 행하면 되는 것입니다. 예수님이

행한 기사와 이적과 표적들을 보면 모든 것은 예수님께서 기도하여 하나님께 사인 받고 난 후에, 하나님께 응답을 받고 난 후에 행했다고 성경은 우리에게 가르쳐 줍니다.

우리가 계단 하나하나를 밟고 올라갈 때 우리의 기도는 가속이 붙게 됩니다.

기차가 처음 달릴 때는 속도가 나지 않지만 한참 달리게 되면 가속도가 붙어 빠르게 달립니다. 우리의 기도는 어떠합니까? 시작을 할 때나 끝날 때나 똑 같지 않습니까? 우리의 기도가 처음 시작할 때는 냉랭하게 시작 됐을지라도 가면 갈수록 자꾸 뜨거워지고 불타고 불타야 합니다. 그런데 기도의 자리를 보면 처음이나 끝이나 매 한가지입니다. 가만히 보면 처음 시작할 때 냉랭한 것이 끝날 때까지 그냥 그렇습니다. 그런 것을 보면 제 속이 탑니다.

저 양반 충청도 기도 하나 보다. 저걸 어쩌지. 서울 기도 좀 해 봐요. 평양기도 좀 해 봐요. 그렇게 말하고 싶은 충동을 느낍니다.

그래서 생명력 있게 우리의 기도가 진행되는 그곳에서 속도를 더 내어 내 혼의 세계가 내 기도에 파고 들어오지 못하도록 영의 온도가 더 올라가야 됩니다. 우리의 기도가 진행되는 곳에서 자꾸 불타올라야 됩니다. 눈에 보이게는 안 타오를지라도 실제 우리 영에서는 타올라야 됩니다. 불타오른다는 표현이 어떻게 들릴지는 몰라도 불타오른다는 것은 하나님께 더 가까이 가고 있다는 증거입니다. 하나님의 마음을 움직이게 하는 기도자의 자기 제물의 익어감이요, 태워짐이요, 향기오름입니다. 그분이 내게 더 가까이 오라고 그렇게 그분은 원하시고 그분은 기다리십니다.

  우리의 기도가 하늘의 뜻을 이루기도 하고 그 기도가 하나님의 역사를 이루게 하는 기도가 되기를 그분은 그렇게 원하십니다. 그 기도의 자리에 빨리빨리 들어오라고 우리를 재촉합니다.

생명을 던진 여호수아의 기도

우리 인간의 혼이 하는 기도와, 우리 인간의 영이 하는 기도는 각각 그 한계가 다릅니다. 소총이나 권총은 한번에 한 사람 밖에 죽이지 못하지만 큰 폭탄은 한번에 수많은 사람을 죽일 수가 있습니다.

우리 인간 자의의 기도를 소총 하나의 기도요, 탄알 한 개의 기도라고 한다면 성령께서 우리를 이끄시는 기도는 바로 핵폭탄과도 같습니다.

그래서 우리가 기도의 세계에 들어갈 때 소총 기도의 세계에 있을 것인가, 핵폭탄이 터지는 그런 기도의 세계에 들어갈 것인가 생각을 해봐야 합니다. 이왕이면 어느 기도의 자리에 들어가고 싶습니까? 당연히 핵폭탄이 터지는 자리겠지요.

우리의 기도가 창조력을 가진다는 것은 우리의 기도를 받으시는 분은 창조주 하나님이시기 때문입니다. 하나님이 창조주이시기에 그

분의 창조능력이 그분의 입김을 통해서 우리에게 와 있기 때문에 하나님께서 주신 그 창조의 능력을 내가 얼마만큼 활용하는지, 얼마만큼 내가 잘 사용하는지, 거기에 따라서 나의 기도는 역사를 엎을 수도 있고, 역사를 바로 세울 수도 있고, 사람을 살릴 수도 있고, 사람을 죽일 수도 있고, 사람을 가둘 수도 있고, 사람을 자유스럽게 할 수도 있으며, 없는 것을 있게 하고, 있는 것을 없게 할 수도 있습니다.

성경은 창조적 기도에 대해 여호수아가 한 기도를 우리에게 모델 케이스로 제시합니다. 천지 우주를 주관하시는 분은 하나님이십니다. 우리 인생을 부하게 하고, 가난하게 하고, 건강하게 하고, 병 낫게 하는 것은 우리 인간의 몫이 있기도 하지만 그것도 결국은 하나님의 주권 하에서 우리에게 허락된 부분에 불과한 것입니다.

여기 성경을 보면 여호수아가 담대한 기도를 합니다. 그는 한 민족의 운명을 쥔 생사를 겨루는 전쟁터의 최고 지휘관이자 사령관이기 때문에 담대한 기도를 합니다. 이 전쟁은 여호수아가 죽고 사는 것이 아니라 한 민족의 흥망이요 하나님의 뜻을 세우는 영적전쟁 이었습니다.

여호수아가 기도하는 그 자리에서 네가 죽으면 내가 들어준다고 하나님께서 그러시면 여호수아는 바로 그 자리에서 죽었을 것입니다. "하나님 내가 죽을 테니까 이 자리에서 들어 주십시오." 틀림없이 그렇게 했을 것입니다. 그런 마음으로 하나님께 부르짖으면 틀림없이 이루어 주시는 것입니다.

"하나님! 저 지는 해를 멈추어 주시고, 저 솟아오르는 달을 묶어 두십시오. 사탄의 대적을 완전히 섬멸하고 여호와 닛시의 깃발을 세울 때까지."

하나님의 역사를 이루는 기도는 그 기도 속에 육의 정욕이나 탐욕이 들어가면 안 됩니다. 마음의 탐심이나 마음의 계산이 들어가면 안 된다는 것입니다. 그것은 마치 톱니바퀴에 끼어든 쇳조각 같아서 그것이 톱니가 작동 못하게 하는 것처럼, 하늘을 움직일 능력을 갖지 못하게 하는 것입니다. 우리가 육체의 문제를 이야기 할 때는 육체보다 한 단계 위인 혼의 기도를 통해 우리 육체의 문제를 해결하기도 합니다.

하나님의 역사를 이루는데 우리 육이나 혼의 기도로는 도저히 안 됩니다. 근접 할 수가 없습니다. 아무리 애를 써도 그건 안 된다는 것입니다.

하나님의 역사에 동참하는 창조의 능력을 갖는 기도는 순결한 영의 기도라야 된다는 것을 우리에게 가르치고 있습니다.

순결한 기도의 영이 어디서 나오는지 깊이 생각해 보겠습니다. 여호수아가 "하나님, 나는 죽어도 좋습니다." 이런 마음으로 육적인 생각 다 떼어 버리고 혼적인 마음 다 버렸습니다. 오로지 눈에 보이는 것은, '저 아말렉을 지금 이 순간에 멸하지 못하면 우리 민족의 앞길이 어둡다. 우리 민족이 앞으로 더 못나가게 된다. 하나님께서 주신 약속의 땅 가나안 복지로 들어가지 못한다.' 그 기도하는 중에 여호수아의 마음에 꽉 찬 것이 무엇입니까? 오로지 자기 민족의 원수인 적병을 섬멸하는 것, 오직 그것에만 그의 모든 생각과 관심이 있었던 것입니다.

여호수아가 자신의 안위를 생각하고, 아내를 생각하고, 자식을 생각하고, 장모를 생각하고, 집 생각하고 그랬을까요? 그러면 그 기도 안 나왔을 것입니다. 불가능 했을 것입니다.

자신은 없어지고 오로지 하나님의 적을 깨뜨리기 위해서, 백성을 살리기 위해서, 그가 기도할 때 그것이 바로 죽음을 건 생명을 던진 기도라는 것입니다.

기도의 자리가 삶과 죽음의 자리가 되어야 합니다. 기도할 때는 내가 살기 위해서 기도하는 것이 아니고 자신의 죽음을 걸어 놓고 기도해야 하는 것입니다.

여호수아한테 물어 보십시오. "이 기도가 당신 인생에 마지막 기도가 되어도 좋소?" 그의 대답은 "내 마지막 기도가 되어도 좋소. 이 기도를 하나님께서 들어 주시면 전쟁에서 적의 화살에, 칼에 죽어도 좋소." 하는 기도일 것입니다.

"이 기도가 내 인생의 마지막 기도가 되기를 바랍니다." 하는 마음으로 기도할 때 그 마지막이라는 것이 실은 마지막이 아니고 숨겨 놓은 미래를 열어주는 하나님의 비밀 통로가 되더라 그 말입니다.

죽음이 있는 기도는 하나님의 비밀 통로를 여는 방법과 길이 됩니다.

여호수아가 그렇게 기도 합니다. 떳떳하게 기도 합니다. 우물쭈물 기도하지 않았습니다. "태양아, 너 기브온에 머무르라." 하늘을 향해 명령을 합니다. 이게 가능한 일입니까? 하나님의 사람만이 가능한 일입니다.

다시 말하면 기도의 자리에서는 하나님의 사람이 되라는 말입니다. 하나님의 사람으로 기도의 자리에 들어갈 때 그가 태양을 멈출 수 있다는 것은 하나님의 영역까지 침범해서, 손자가 할아버지 수염 잡아당기는 그런 격이 될지는 몰라도 손자가 귀엽게 할 때는 할아버지가 수염 좀 아파도 요놈 하고 볼기짝 두들기고 안아주는 그런 격이 되겠지요. 그가 그런 기도를 한 것은 자신의 이해타산이 하나도 없었기 때문입니다. 하나님의 백성을 위해 그가 목숨을 내 놓고 그런 기도를 했기에 하나님이 그 기도를 받으신 것입니다.

"태양아 너는 기브온 위에 머무르라. 달아 너도 아얄론 골짜기에 그렇게 할지어다. 거기에 가만히 있으라." 그 목적이 무엇입니까? 하나님의 백성을 구원하기 위해서입니다.

"저 사악한 적을 오늘 이 순간 다 무찌르지 않으면 내일이면 또 몰려옵니다. 저 적들을 다 무너뜨리십시오. 오늘 저 대적들을 모두 섬멸해야 합니다. 하나님 도우십시오. 도우십시오."

바로 이것이 온 영혼을 쏟으며 부르짖는 기도입니다.

바로 여호수아가 기도한 이 패턴을 우리는 기도의 자리에 들어 갈 때마다 기억을 해야 합니다. 바로 이것이 창조적 기도입니다.

제3장

창조적 기도의 위대한 능력

형식을 떠나 내용에 머물라

영으로 금식하라

하늘과 땅의 연결 고리

하늘 문을 여는 생명의 불씨

새 일이 싹트는 기적의 묘판

　무리가 고라와 다단과 아비람의 장막 사면을 떠나고 다단과 아비람은 그 처자와 유아들과 함께 나와서 자기 장막문에 선지라. 모세가 가로되 여호와께서 나를 보내사 이 모든 일을 행케 하신 것이요 나의 임의로 함이 아닌줄을 이 일로 인하여 알리라. 곧 이 사람들의 죽음이 모든 사람과 일반이요 그들의 당하는 벌이 모든 사람의 당하는 벌과 일반이면 여호와께서 나를 보내심이 아니어니와 만일 여호와께서 새 일을 행하사 땅으로 입을 열어 이 사람들과 그들의 모든 소속을 삼켜 산채로 음부에 빠지게 하시면 이 사람들이 과연 여호와를 멸시한 것인 줄을 너희가 알리라. 이 모든 말을 마치는 동시에 그들의 밑의 땅이 갈라지니라. 땅이 그 입을 열어 그들과 그 가족과 고라에게 속한 모든 사람과 그 물건을 삼키매 그들과 그 모든 소속이 산채로 음부에 빠지며 땅이 그 위에 합하니 그들이 총회 중에서 망하니라. 그 주위에 있는 온 이스라엘이 그들의 부르짖음을 듣고 도망하며 가로되 땅이 우리도 삼킬까 두렵다 하였고 여호와께로서 불이 나와서 분향하는 이백 오십인을 소멸하였더라(민16:27~33)

형식을 떠나 내용에 머물라

잠언 25장 1절을 보면 하나님의 영화란 그 모든 것을 인간 앞에 숨기는 것이라고 했습니다. 그래서 이 세상에서 지혜자의 영화는 하나님의 비밀을 벗기는 것이라고 하셨습니다.

하나님의 비밀을 어디서 벗길 수 있습니까? 하나님의 말씀에서 하나님의 비밀을 캐낼 수 있습니다. 기도하는 과정 중에 하나님 비밀을 캐낼 수가 있습니다. 말씀과 기도 속에 하나님의 비밀이 숨어있기 때문에 그것을 캐낸 자는 진짜 다이아몬드를 캐낸 사람하고 꼭 같습니다. 그 다이아몬드를 우리는 캐내야 합니다.

다이아몬드를 캐내는 그것이 무엇인가 하면 영의 세계를 탐구하는 것입니다. 영의 세계를 탐구하는 곳에서 다이아몬드가 발견 될 수가 있습니다.

영의 다이아몬드 광산에 가서 마음껏 다이아몬드를 캐내야 합니다. 그것을 찾느냐, 찾지 않느냐 그것이 첫째 관건이고, 그 다음에 그 다이아몬드 광산을 찾았을 때 그 찾은 다이아몬드를 어떻게 세공하느냐에 따라서 다이아몬드의 가치가 달라집니다. 잘 세공해야 합니다. 그런데 다이아몬드에 한 가지 문제가 아무리 잘 세공 할지라도, 아무리 그 다이아몬드가 클지라도 그것 안에 불순물이 있을 경우에는 값어치가 떨어진다는 것입니다.

영성의 세계를 찾아가는 사람들, 영의 세계를 추구하는 사람들에게 가장 염려스러운 것이 혹시 그 안에 불순물이 있을까 하는 것이 제일 염려스럽습니다. 이 불순물들이 우리 영의 세계에 있을 때는 참 어렵습니다. 이 불순물들을 제거해야 합니다. 이 불순물들이 무엇인지 각자가 더 잘 압니다.

우리 기도가 전부 어느 한 부분에 묶여버립니다. 우리가 음식을 담을 때 그 음식에 맞는 그릇을 선택해서 거기에 음식을 담아야 만찬 자리가 보기 좋게 됩니다. 그런데 기도의 만찬 테이블에 우리는 큰 그릇에다가 콩알 하나를 놓고, 또는 작은 그릇에다가 산더미처럼 쌓아 놓는, 이런 우리의 고착된 고집이, 어찌할 수 없는 아집들이 있습니다.

창조적 기도를 배우는 이 시간에 이 고집을 깨뜨려야 합니다. 창조적 기도는 생산적인 기도를 말합니다. 재창조의 능력이 있는 기도를 말합니다.

중세 사막교부들의 시대에 이런 예화가 있습니다. 아주 멋진 창조적 기도를 그 제자들에게 가르쳐 준 예입니다. 금식기도에 대한 이야기 입니다.

한 수도원에서 원장님을 비롯해서 모든 사람이 어느 절기에 집중으로 금식기도를 1주일 합니다. 그래서 금식기도가 3,4일 지났는데 저 건너 산 너머에 있는 다른 기도원에서 아주 좋은 일이 생겨서 많은 음식을 준비하고 다른 수도원의 식구들을 초청했습니다. 금식하는 원장님은 "나는 금식중이라서 그곳에 못갑니다." 하고 말을 했으면 좋을 텐데 이 수도원 원장님은 그 말을 안 합니다.

이 수도원 원장님이 자기와 수도하는 여러 제자들을 데리고 그 다음날 그 기도원을 찾아갑니다. 수사들을 데리고 기도원을 찾아가는데 수사들이 "우리 원장님 좀 이상하네." 하고 수군 댑니다. 그 수도원 전례의 규율을 봐서는 금식을 할때는 절대로 문밖으로 못 나가도록 되어있습니다. 그 수도원 안에서 금식 끝날 때까지 외부로 부터의 물건 조달이나 그밖의 아무것도 들여오지 못합니다. 외부 사람들이 오는 것은 가능한데 수도하는 사람들은 못 나가도록 되어있었던 것입니다. 그런데 그것을 깨뜨리고 금식기도 기간에 원장님이 수도원 수도사들 데리고 산 넘어 있는 기도원으로 갑니다. 저녁에 도착했는데 아주 멋지게 만찬 테이블을 차려 놓고 거기에 고급 붉은 포도주도 갖다 놓고 촛불도 켜놓고 아주 잘 차렸습니다. 초청한 원장님이 행사에 대한 이야기를 하고 난 다음에 "자, 우리 만찬 시작 합시다." 하고 초청받은 수도원 원장님한테 만찬을 위한 기도를 해달라고 해서 기도한 다음에 자리에 앉았는데 함께 간 수사들이 우리 원장님 어쩌나 보자하고 모두들 가만히 쳐다보고 있습니다.

그 중에 성품이 아주 곧은 수사들은 "우리는 먹으면 안돼. 금식이라고 말하고 우리는 먹으면 안돼." 그렇게 말하고 또 그렇지 못한 사람은 "원장님 하라는 대로 하자." 하고 또 다른 사람들은 "이왕 왔으니까 먹지 뭐. 금식은 또 하면 되지." 그런 갖가지 의견이 있었을 것입니다.

초청한 그 기도원에서는 금식하는 것을 모르고 먹자고 합니다.

그런 와중에 초청을 받은 사람들은 가만히 원장님 눈치를 봅니다. 우리 원장님이 어떻게 하는가 보자고 가만히 눈치를 봅니다. 그런데 수도원 원장님은 아무 소리도 안하고 초청한 원장님하고 "자, 우리 포도주를 듭시다" 하고 포도주 마신 후에 포크 가지고 음식도 먹는단 말입니다. 그러자 수사들 중에 어떤 사람은 "우리 원장 가짜야. 금식기간인데 왜 먹어. 먹으면 안 되지. 그러면서 우리 보고 금식할 때는 먹으면 안된다고 그렇게 말했잖아." 하고 옆사람한테 속삭입니다. 또 나머지 사람들은 그냥 그렇게 됐나보다 하고 음식을 먹습니다.

그러고 난 다음날 아침에도 또 맛있는 상을 차려줍니다. 다 먹습니다. 그 후에 수도원 원장님이 "자 이제 됐습니다. 이제 우리 가지요." 하니 그 기도원에서 가다가 점심때 잡수시라고 도시락을 보자기에 몇 개 싸줍니다. 그래서 그것을 가지고 출발했습니다.

그런데 금식하는 원장님이 아무 말씀도 안하고 그 도시락을 그냥 받게 하고 악수를 하고 헤어졌습니다. 한참 오는데 점심 때가 됐습니다. 마침 그때 개울을 건너게 되어 그 개울을 건너려고 하자 같이 간 사람들이 "여기서 우리 점심 도시락 먹고 갑시다. 가지고 온 도시락 먹고 갑시다." 하며 원장님의 눈치를 봅니다. 그러자 원장님은 그들을 가까이 오라고 해서 "금식은 우리 맘대로 하는 것이 아니다. 그

도시락은 우리가 먹을 것이 아니다. 우리는 금식 기간 중이야. 도시락은 거기 놔두면 나무꾼들이나 지나가는 길손들이 먹을 테니까 놔두고 가자.”고 말합니다. 그러자 그 주위에 있는 사람들이 어제도 먹고 오늘 아침도 먹어놓고 금식기간이라고 못 먹게 하다니 저건 고집이고 억측이 아니냐고 불평을 합니다. 그때 수도원 원장님이 말을 합니다. “어제 만찬과 오늘 아침은 우리가 먹은 것이 아니고 먹어 준거야. 그들이 우리를 초청을 했는데 만약 우리가 금식중이라고 해서 안 먹어봐. 그 파티장이 어떻게 되겠어. 우리는 금식중이지만 그들의 초청을 받아서 먹은 거지. 우리가 먹고 싶어서 먹은 것이 아니다. 그들의 잔치를 위해서 먹어 준거야. 아침도 우리는 먹어 준거야. 그러나 이미 그들하고 헤어졌으니 이제는 상관이 없는 것이다. 우리는 그들을 떠났으니까 우리의 금식이 진행되어야 될 것이야.”

정말 음식을 안 먹는 것이 살아나는 것인지 아니면 먹어주는 것이 생명이 있는 것인지 우리는 생각해 볼만합니다.

금식기도는 문자 그대로 전통과 관습 그대로 볼 때는 먹으면 안 됩니다. 그러나 먹고 안먹고를 떠난 수도원 원장님의 그 기도의 상태는 참 멋이 있습니다. 음식 그것에 구애를 안 받는다는 것입니다. 먹는 것이 금식에 무슨 관계가 있고 먹지 않는 것이 금식에 무슨 관계가 있는가? 음식을 먹고 안 먹는 것이 문제가 아니라 금식하는 그 내용이 문제가 된다는 말입니다. 그는 금식이 무엇인지를 제자들에게 참으로 진지하게 가르쳐주고 있습니다.

영으로 금식하라

저도 장기 금식할 때 옆 사람들이 하는 말을 많이 듣습니다. "내가 이 금식기도 끝나고 나면 횟집에 가서 생선회 배가 터지게 먹어야지. 끝나고 난 다음에 개고기를 갖다가 삶아 먹어야지." 그럽니다.

여러분 실제로 금식하는 그곳에 가보십시오. 먹는 거 이외는 말 되는 것이 하나도 없습니다. 금식하는 곳에서 왜 먹는 말이 나옵니까? 그것 자체가 금식을 껍데기로 한다는 것입니다.

금식기간 중에 초대받은 곳에 가서 음식을 먹은 수도원 원장님이 우리에게 가르치는 것은 금식은 영으로 한다는 것입니다. 영이 살아 있을 때 마음이 금식하는 것이고, 마음이 살아 있을 때 육체가 금식하는 것이지, 육체가 먹을 것을 안 먹는다고 못 먹게 한다고 그것이 금식이 되지는 않는다는 것입니다. 무엇이 금식이고, 어떻게 하는 것이 금식인가를 깨우쳐 줍니다.

이 수도원 원장님의 이야기가 우리에게 가르치고자 하는 것은 금식기도의 참가치는 금식 그 자체를 살려내는 것이라는 말입니다.

기도가 무엇인가? 우리들은 기도할 때 기도하는 그 자체가 우리의 목적이 됩니다. 그러나 기도가 목적은 아닙니다. 하나님의 뜻이 이루어지도록 하는 하나의 방편일 뿐입니다. 더 쉽게 말하자면 아주 어린 아이의 기도로 내려가려면 "내 심정을 좀 알아주십시오." 하고 깡통 들고 두들기는 것입니다. 두들기는 것, 그게 중요한 게 아니고 두들기는 그 마음이 중요하다는 것입니다. 이것이 바로 창조적 기도의 마음이요 영성입니다.

우리는 깡통을 두들기고 있는 그 소리를 하나님이 듣는다고 생각해서는 안 됩니다. 깡통을 두드리고 있는 그 애가 어떤 마음으로 두드리는가? 얼마나 배가 고파서 두드리는가? 얼마나 목이 말라 두드리는가? 이것을 생각해야 합니다. 그럴 때 하갈의 눈을 열어주신 것처럼 하나님이 우리의 금식기도에도 응답을 하시는 것입니다.

사막에서 이스마엘이 목말라 죽는다고, 엄마 살려달라고, 사막에서 뒹굴고 있을 때 그것을 보다 못해 하갈이 하늘을 향해 눈물을 흘립니다. 울음으로 영혼의 문을 터뜨립니다. 그러자 그 두들기는 깡통 소리를 들으신 것이 아니라 하나님은 자식을 생각하는 그 어미의 마음을 본 것입니다. "하나님 데려가려면 나 데려가시고 이스마엘은 살려주십시오." 하는 하갈의 기도에 하나님이 응답하셨다는 말입니다. 그들에게 사막에서 우물을 만들어 주셨습니다.

우리의 육체로는 아무것도 할 수 없습니다. 단순히 굶을 뿐입니다. 우리의 혼이나 우리의 마음은 의지나 집념이나 감정을 일으킬 뿐이지 아무것도 할 수 없습니다. 그럼 할 수 있는 것은 무엇이겠습니까? 영입니다. 영만이 할 수 있습니다. 영이 바로 하나님과 통하는 파이프라인입니다.

우리 금식기도에서 가장 포인트를 둘 것은 영이 금식을 하는가 그렇지 않은가 입니다. 영이 금식을 하는 기도는 진실로 능력이 있는 기도요, 혼이나 우리의 육체가 금식을 하는 기도는 피상적으로 눈에 보이는 하나의 형식에 불과합니다. 영이 기도 할 때 그 혼은 마음을 사로잡게 되고 영과 혼이 마음을 사로잡아 하나가 될 때 육체를 잡을 수 있는 것입니다. 영과 혼과 육체가 같이 더불어 기도할 때 우리는 그것을 온전한 금식기도라 합니다. 그럴 때 하나님의 역사는 나타나는 것입니다. 바로 그것을 우리는 창조적 기도라고 말 합니다.

그보다 조금 더 깊이 가볼까요? 금식기도는 그 자체가 무엇인줄 아십니까? 금식기도는 하나님의 잔치자리입니다. 우리의 영이 하나님의 잔치자리에 초청받은 것입니다.

그 금식기도에서 울고 짜고 배고프다고 그러지요. 내가 내려만 가면 광어를 먹고 뭘 먹고, 하나님의 잔치자리는 꿈도 안 꾸는 사람입니다. 금식기도라는 것은, 하나님의 만찬 테이블입니다. 기도의 자리가 베풀어지고 거기에 가서 우리가 먹고 싶어하는 그 모든 것을 먹을 수 있습니다. 더더욱이나 금식기도는 그 분에 의해 특별히 초청된 곳입니다.

금식기도 그 자체는 우리가 거기에 초청 받았을 때 하나님이 나를 위하여 우리를 위하여 베푸신 그 자리에서 우리는 뭐든지 얼마든지 먹을 수가 있습니다. 우리의 금식기도 자리는 내가 굶는 자리가 아니고 하나님이 나를 초청해 주시고 천국의 그 희한한 음식들을, 비밀한 음식들을 차려놓고 내 영이 그것을 마음껏 먹도록 하신 하나님의 잔치 자리입니다.

그럴 때 우리의 영이 어떨까요? 우리의 마음이 어떻게 될까요? 우리의 육체가 어떻게 될까요? 녹아들지요. 잦아들지요. 참 고맙습니다. 어찌 이렇게 좋은 자리 만들어 줍니까? 그리고 그 자리에서 매일 매일 금식할 때마다 하나님께서는 이런 음식주시고 저런 음식주시고 하십니다. "얘야 그것만 먹냐? 이것도 먹어봐. 저것도 먹어봐. 이것은 한국식이란다. 저건 중국식이란다. 저건 미국식 이란다." 갖가지 음식을 온데 다니면서 다 먹여주십니다.

또한 그 금식기간에 하나님께서는 희한한 자리까지 우리를 데려가십니다. 예순 여섯 개 동산으로 우리를 데려갑니다. 금식기간에 우리가 하나님의 말씀을 가까이 할 때 어떤 때는 주님께서 디베랴 바닷가에 우리를 데려다가 "그물을 저곳에 한번 던져 보거라. 밤새도록 너 건진 것 없지? 그물 오른쪽에 던져봐." 바닷가에서 그렇게 말씀하시고 배가 만선이 되어 고기 잡느라고 허기진 우리의 배로 바닷가의 모래밭에 올라오니 밤새도록 주린 우리의 영과 혼과 육체에게 예수님께서 어떻게 하십니까? 바닷가 백사장에 숯불을 피우시고 그 위에다 떡을 구우시고 거기에다가 생선도 굽더라. 자, 이것이 무얼 말합니까? 이제 기도가 무엇인지 조금 정리가 됩니까?

기도는 우리만 하는 것이 아닙니다. 그분이 뭔가 우리에게 더 좋은 것을 주시기 위해서 그 분이 미리 준비해 놓고 기다리는 자리입니다. 우리 기도자리 앞에 그분께서 먼저 와 계십니다.

너의 인생이 아프고 너의 인생이 배고프고 너의 인생이 이렇게 파멸했지. 너의 인생이 빈 배이지. 주님께서는 이런 말씀 안하시고 가만히 모래뿐인 그곳에 하늘의 만찬 테이블 펼치고 거기에 숯불을 가져다 피우십니다. 그게 바로 기도의 자리입니다.

거기에서 무엇을 우리에게 주시는지 우리는 잘 압니다. 예수님께서 하늘의 떡을 주셨습니다. 새벽 디베랴 바닷가에 하나님께서, 우리 주님께서 어디 떡집에 가서 떡을 사왔을까요? 생선 집에 가서 고기 사왔을까요? 가만 생각해 보십시오. 그런데 우리는 기도의 자리에 들어갈 때마다 '이것 아닌데, 떡 없잖아, 생선 안보이잖아, 전부 모래 바닥인데 여기 뭐가 있어?' 그것이 우리 기도와 마음 바닥에 쫙 깔려있습니다. 그것을 제거하자는 것입니다. 마땅히 제거해야 합니다.

하늘과 땅의 연결 고리

창조적 기도의 영성이라는 것은 기도에 하나님의 창조의 능력이 나타나도록 하는 것입니다. 기도의 자리인 그곳에서 창조적 기도가 이루어지게 하고, 그곳에서 불꽃이 튀게 하고, 그곳에서 불이 붙게 하는 것이 창조적 기도의 영성입니다.

창조적 기도의 영성은 불꽃 튀기는 전쟁입니다. 거기에서만이 살아 있는 영을 보게 되는 것입니다. 창조적 기도의 영성이라는 것은 우리가 기도하는 한 순간 한 순간마다 그것이 하나님과 연결되어 있는가? 되어 있지 않은가? 참으로 그것이 죽고 사는 관건입니다. 어제는 연결되어 있었는데 오늘은 연결되어 있지 않다면 우리는 끊어진 관을 즉시 이어 주어야 합니다. 아무리 우리가 금 촛대를 가지고 있을지라도 거기에 연결되어 기름이 흘러나오게 하는, 그 통과 연결된 파이프라인이 막혔거나 끊어졌을 경우에는 내가 가지고 있는 금

촛대가 아무리 좋을지라도 소용이 없습니다. 그 불은 꺼지게 됩니다.

우리가 박사 학위를 가지고 있고, 우리가 외국 유학을 갔다 왔고, 우리가 인생의 갖가지 지식과 지혜를 다 가지고 있을지라도, 내 인생이 남들 보기에는 금 촛대 일지라도, 남들은 다 구리 촛대이고 은촛대 일지라도 나와 더불어 연결된 하나님의 선이 끊어져 버릴 때는 어떻다고요? 불이 밝혀지지 않습니다. 기름이 끊어졌으니 아무리 부싯돌을 갖다 대고 켜도 불꽃은 없습니다.

창조적 기도라는 것은 기름의 원천으로부터 계속해서 공급을 받을 때만 가능하게 됩니다. 이 진리들이 너무나 쉽지요. 너무나 쉬운데 많은 사람들이 그것을 잊어버립니다. 그걸 생각하지 않고 막연히 기도한다, 그렇게 기도한다고 말만 하지요. 이제 오늘 이 시간 이후로 우리들은 내 기도가 창조적 기도인가 아닌가를 자문해 보세요. 기도의 자리에 들어갔을 때 그것인지 아닌지 자문해 보면서 내 기도가 어떻게 되는가를 가만히 봅시다. 우리의 기도를 통해서 하나님께서 어떻게 역사하시는지 성경이 보여주고 있지요. 성경은 우리에게 그런 자리까지 보여주고 있습니다.

우리는 창조적 기도 영성에 대해서 여호수아 이야기를 살펴보았습니다. 여호수아의 기도가 해도 멈추고 달도 정지하게 했습니다. 아주 멋지지 않습니까? 우리는 그것을 할 수가 없습니까? 하나님 이외는 할 수 없는 것을 하나님은 사람이 하게 만들었습니다. 그가 창조적 기도를 하는 파워를 가지고 있었기에 가능한 일입니다.

우리는 여호수아뿐만 아니라 엘리야의 기도도 봅니다. 엘리야의 기도가 하늘에서 불을 내리게 해서 하늘에서 내려온 그 불로 제물이

태워지는 장면을 봅니다. 그런 불이 엘리야의 시대만 가능하고 지금
은 불가능한가요? 그렇지 않습니다. 엘리야도 우리와 같은 성정을
가진 인간입니다 . 엘리야도 하나님의 종입니다. 우리도 인간이고 우
리도 하나님의 종입니다. 그런데 다른 것은 그는 하늘로부터 불이 내
려오라고 기도를 했고 우리는 하늘로부터 불이 내려오게 하는 기도
의 자리에까지 다다르지 못했기 때문입니다. 그 자리까지 우리가 가
느냐 못가느냐 하는 것은 내 자신 스스로가 해야 할 몫입니다. 하나
님께서 하실 몫은 아니라는 것입니다.

하늘 문을 여는 생명의 불씨

창조적 기도는 바로 우리가 해야 하는 것입니다. 민수기를 보면 멋진 장면이 나옵니다. 모세가 기도할 때 어떻게 됐지요? 땅이 갈라져 지진이 일어났습니다. 이때 모세의 기도의 초점이 무엇인지 압니까? "하나님 보십시오. 저들이 보통 사람들이 당하는 그 모양대로, 보통 사람들이 죽는 형태대로 죽으면 하나님의 역사가 안 나타난 것으로 알 것입니다. 그래서 내가 기도하니 다르게 하십시오." 다시 말하면 그때에 죄지은 자들을 돌멩이로 쳐 죽일 수도 있고 칼로서 죽일 수도 있는데, 그러면 저들의 죽는 것이 너무 평범한지라 하나님이 나와 함께 한다는 분명한 징표가 안되니까 그 징표를 나타내 달라는 것입니다. 그럴 때 나타난 징표가 무엇입니까? 지금까지 없었던 방법으로 그들을 처형해 달라는 것입니다. 이것이 창조적 기도입니다.

땅이 갈라져서 죄지은 자들이 한 순간에 다 땅속으로 들어갑니다.

성경에 기록되어 있는 이 사실을 어떻게 생각합니까? 창조적 기도가 얼마만한 위대한 파워를 가지고 있습니까? 모세의 창조적 기도에 응답하셔서 고라, 다단, 아비람 족속들이 한 순간에 그들이 서 있던 땅을 갈라지게 하시고 그냥 그대로 죽음의 자리로 들어가게 하십니다. 그러고 난 후에 그 땅이 어떻게 됩니까?

우리는 하나님의 말씀 중에서 살아있는 그분의 말씀이 나에게 어떻게 가까이 오는지 그 말씀이 나와 더불어 어떤 관계가 있는지 생각해야 합니다. 하나님 말씀 속에서 살아 있는 창조적 능력의 기도를 할 수 있는 그 순간, 그 장소들을 우리에게 보여 줄때마다 우리는 다이아몬드를 발견하게 됩니다. 그 이상 더 귀한 것이 어디 있습니까? 그 다이아몬드로 우리가 뚫어야 할 불신의 바위들을 쪼개야 합니다. 우리를 막고 있는 이 두꺼운 의심의 철판들을 이 다이아몬드로 찌르고 뚫고 나가야 합니다.

창조적 기도가 왜 필요한가를 바로 이 모세의 기도가 오늘 우리에게 역설합니다. 지금까지 우리는 자, 기도합시다. 지금부터 몇 시까지 기도합시다. 기도의 제목은 이것입니다. 이것 기도하자 하고 저것 기도 하자고 할 때마다 가만히 그것을 봅니다.

지도자가 그 주제 하나하나 줄때마다 창조적인 기도의 능력을 가지고 하라고 그러는 것인지 아니면 적혀져 있는 프로그램 따라 그냥 진행되는 것인지 그것을 봐야 합니다.

이 창조적 기도를 깨달은 다음에는 어떤 행사라도 그가 가서 기도를 주관하면 그 기도가 창조적 기도가 되더라, 그가 어떤 프로그램을 진행한 즉 창조적 기도의 역사가 일어나더라, 이렇게 복된 분들 되시기 바랍니다.

우리 목사님들이 10분 기도합시다, 한 시간 기도 합시다, 3시간 기도합시다, 할 때 거기에는 모세와 같은 기도의 열정이 들어가 있어야 합니다. 엘리야의 기도와 같이 하늘문을 여는 살아있는 기도의 생명 불씨가 그 안에 들어가 있어야 합니다.

출애굽기 32장을 보면 어떤 일이 일어났습니까? 이스라엘 백성이 하도 말을 안 들으니까 한 번에 쳐버릴 거야, 단 칼로 쳐버릴 거야, 그렇게 하나님이 모세에게 말씀하십니다. 그러자 모세가 창조적인 기도를 합니다. 창조적인 기도는 하나님의 마음을 움직이는 기도입니다. 모세가 "하나님 그러면 절대 안 됩니다." 그렇게 생명을 걸고 간절히 기도드릴 때 하나님께서 그의 마음을 돌이키셨다고 성경은 기록합니다.

하나님의 마음을 일으키십시오. 일어서게 하고 하나님의 마음이 오른쪽으로 기울여져서 "내가 저들을 벌하리라" 하실 때 하나님께 꿇어 엎드려 하나님의 긍휼을 구하며 "그러면 안 됩니다. 조금만 더 저들에게 자비를 베풀어 주십시오." 그렇게 기도할 때, 다시 말하면 그렇게 목숨을 건 기도를 드릴 때 하나님은 모세의 그 마음을 보시고 돌이키셨습니다. 이것이 창조적 기도입니다.

새 일이 싹트는 기적의 묘판

창조적 기도는 어떤 일에 대해 일으켜 세울 수도 있고 막을 수도 있고 더 빠르게 진행 할 수도 있고 더 늦추게 할 수도 있는 그런 능력과 권세를 갖고 있습니다.

사랑하는 목사님들이 기도의 자리에서 말을 할 때마다 분연히 일어나십시오. 그렇게 하고 여러분들의 마음은 그냥 바닥에 엎드리십시오.

"하나님 이제 창조적 기도가 이곳에 일어나야 합니다. 저들은 깊이를 잘 모릅니다." 라고 하십시오. 기도의 방법을 잘 모릅니다. 저들은 그 뜻을 잘 모릅니다. 모세가 한 창조적 기도처럼 "저들이 망하면 안 됩니다. 저들을 죽여서는 안 됩니다. 저를 죽이시더라도 저들은 살려주십시오." 그렇게 기도하는 것입니다.

그렇게 그 영이 엎드려서 하나님께 기도합니다. "주님 보시기에,

주님 들으시기에 합당치 못할지라도 그들의 기도가 바뀌게 해주십시오. 기도하는 시간 시간이 흐를 때마다 흐르는 그것만큼 기도가 하나님의 마음을 움직이는 기도가 되게 해 주십시오."

여러분은 그 기도의 자리에 분연히 일어서서 그 기도를 지키고 끌고 가야합니다. 그렇게 될 때에 기도의 역사는 그곳에서 일어나게 되지요. 창조적 기도가 새싹이 나고 꽃이 피고 열매 맺게 됩니다.

이제 우리는 앞으로 이 시간이 더 지나고 난 다음에 수도원 원장님이 금식중에라도 남의 파티 초청 받았을 때 가서 같이 먹어주는 그 한 단계 높은 마음들을 가져야 합니다. 나는 금식중이니까 안되고, 나는 행사가 있으니까 안되고, 나는 뭐가 있으니까 안되고 하는 그 자리에서 여러분의 기도가 한 단계 올라서야 합니다.

남을 위해서는 내가 해줄 수 있으되 나를 위해서는 지극히 자신을 절제하는 것, 그런 것들을 사람들이 알아주지 않을지라도 하나님은 아십니다. 하나님께서 뭐라고 하시는 줄 아십니까? "너는 어찌 그리 예수를 닮았니. 아! 멋쟁이야. 그래서 내가 너를 표본으로 보낸다. 모범으로 네게 보이려고 예수님을 그런 모양으로 그런 마음으로 그런 자세로 사역하게 했느니라. 너 참 잘하는구나." 그러지 않겠습니까?

이제 우리는 새로운 기도 자리에 들어가야 합니다. 이 시간 후에 나의 기도가 창조적 능력을 갖게 해주십시오. 내가 당신의 마음에 합한 창조적 기도를 하는 신실한 종이 되게 하십시오. 내가 기도의 자리에 들어갈 때 기도의 금 기름이 흐르는 곳이 혹시 막혔나 뚫어졌나 보고 기도자리에 들어가게 하십시오. 그렇게 해야 합니다. 그렇게 할 때 우리의 기도는 역사를 이루어 냅니다. 새 일이 일어나게 됩니다.

역사가 어떻게 일어나는가? 우리의 기도가 이루어 내는 것이 아니고 우리의 기도를 그렇게 하게 하신 그분께서 창조적 기도를 통하여 이 모든 역사를 나타내십니다.

역사가 나타나는 그곳에 하나님의 영광은 빛나게 됩니다. 그리고 하나님의 영광을 빛나게 하는 심부름꾼인 우리들을 좋은 자리로, 더 깊은 자리로, 더 숨겨진 자리로 우리를 이끌어 갑니다. 하나님과의 더 숨겨진 자리가 어떤 자리입니까? 그분과 독대하는 자리입니다. 깊은 영혼의 사랑을 나누는 자리입니다.

하나님 그분과 독대하는 그 자리가 진실로 하나님의 하늘의 비밀을 볼 수 있는 자리입니다. 하나님의 새 일이 싹트는 기적의 묘판입니다. 진실로 하나님께서 그 비밀을 "내가 네게는 말해야 하겠다. 다른 사람한테는 말을 하지 않아도 네게는 해야 하겠다. 아브라함아, 내가 너에게 어떻게 숨길 수 있겠느냐. 네 조카 있는 그곳에서 일어날 사건을 네게는 숨기지 못하겠다." 그렇게 하나님은 자기의 비밀을 오픈합니다. 하나님의 비밀이 오픈되는 그곳을 우리는 기대할만합니다. 그곳이 바로 창조적 기도가 꽃피는 자리입니다.

제**4**장

겟세마네 동산의 기도자리

이에 예수께서 제자들과 함께 겟세마네라 하는 곳에 이르러 제자
들에게 이르시되 내가 저기 가서 기도할 동안에 너희는 여기 앉아
있으라 하시고 베드로와 세베대의 두 아들을 데리고 가실세 고민하
고 슬퍼하사 이에 말씀하시되 내 마음이 심히 고민하여 죽게 되었
으니 너희는 여기 머물러 나와 함께 깨어 있으라 하시고 조금 나아
가사 얼굴을 땅에 대시고 엎드려 기도하여 가라사대 내 아버지여
만일 할만하시거든 이 잔을 내게서 지나가게 하옵소서 그러나 나의
원대로 마옵시고 아버지의 원대로 하옵소서 하시고 제자들에게 오
사 그 자는 것을 보시고 베드로에게 말씀하시되 너희가 나와 함께
한 시 동안도 이렇게 깨어 있을 수 없더냐 시험에 들지 않게 깨어 있
어 기도하라 마음에는 원이로되 육신이 약하도다 하시고 다시 두번
째 나아가 기도하여 가라사대 내 아버지여 만일 내가 마시지 않고
는 이 잔이 내게서 지나갈 수 없거든 아버지의 원대로 되기를 원하
나이다 하시고 다시 오사 보신즉 저희가 자니 이는 저희 눈이 피곤
함일러라 또 저희를 두시고 나아가 세번째 동일한 말씀으로 기도하
신 후 이에 제자들에게 오사 이르시되 이제는 자고 쉬라 보라 때가
가까왔으니 인자가 죄인의 손에 팔리우느니라 일어나라 함께 가자
보라 나를 파는 자가 가까이 왔느니라(마26:36~46)

VIA DOLOROSA

　주께서 우리에게 주신 이 기도의 동산에서 그 분이 우리에게 주신 좋은 기회를, 좋은 순간을, 좋은 기도의 자리를 우리가 제대로 지키지 못할 때 우리에게 왔던 그 모든 여건들은 흐르는 강물처럼 그냥 그대로 흘러갑니다. 겟세마네 동산에서 피땀 흘려 기도하시는 예수님께서 제자들이 한시도 기도의 자리를 지키지 못하는 것을 보시고 그들을 깨웁니다. "기도시간 지났다, 그만 일어나서 가자" 하십니다. 그리고 오늘 우리에게도 그때가 됐으니 이제 그만 가자고 합니다. 기도한 자는 기도한 그곳으로 갈 것이고, 기도를 제대로 하지 못한 자는 기도를 하지 못한 그곳으로 가자 그 말입니다.

　예수님께서는 어떠한 창조적인 기도를 하셨는지를 우리는 추적합니다. 다음에 그 창조적인 기도가 우리에게 어떤 결과를 가져왔는가를 봅니다. 침묵 속에서 다 이루었다고 아버지를 향해서 얼굴을 드시는 그 분의 미소를 우리는 보게 됩니다. 우리가 단순히 예수님의 육신을 볼 때는 십자가에 달려서 고통과 아픔으로 찢어진 얼굴이라고 보지만 그 분의 영은 바로 그 순간에 하늘을 향하여 아버지께 웃고 계십니다. "아버지 다 했어요." 다 했다는 이 말을 하는 아들 예수 그리스도의 그 기쁨은 극치에 달할 것입니다. 우리는 그것을 추적하자는 것입니다.

고난 주간을 앞두고 '고난의 길 VIA DOLOROSA 성시' 를 묵상하며 말씀을 열어가겠습니다.

VIA DOLOROSA

하나님을 버리신 하나님
사랑, 아픔, 구원, 오직 그 길

비아 돌로로사

주님 가신 길..... 너는 그 길을 아는가
십자가의 길..... 너는 그 길을 보는가
고난의 길..... 너는 그 가시밭길 걷는가
죽음의 길..... 너는 그 십자가에 오르는가

부활의 생명은, 죽음에서만이 움트기에

나는 어둠 속에서 부활의 새벽을 응시한다
부활생명의 빛이 어디서 오는가를 알기에.....

그 빛은 죽음의 골짜기를 지나,
어찌 나를 버리셨냐는 수의를 입고,
자기 희생 골고다 언덕을 넘어선,
갈보리 십자가의 피꽃임을 알기에.....

부활 생명의 나무는
자기 죽음의 피를 먹고 꽃피는 것임을.....
앞서 간 이들은 이 진리를 깨우쳤기에
수 많은 종들이 한 뜻으로 향한 그 길

비아 돌로로사

나는 그 길을 인도 받는다
캄캄한 흑암 속에 주님의 참빛으로.....

2003년 4월 고난주간을 오르며
목사 원 헌 영

생명을 살리는 기도

우리는 어떠한 글자를 보고 외우는 것이 아니고 거기에 어떤 생명이 꿈틀거리고 있는가를, 그 생명을 찾아내려는 것입니다.

우리는 기도할 때 일반적으로 기도만 열심히 하면 내 기도를 들어주실 것이라고 생각을 합니다. 그런데 내가 하는 기도가 어떤 능력을 가지고 있는지 한번 생각 해 보는 것은 아주 가치 있는 일입니다.

내 기도가 어떤 창조적인 것을 만들어내는 힘이 있는지 우리는 찾아 나서야 합니다.

고난주간이 되면 많은 사람들이 예수님의 고난을 생각하며 시간 나는 대로 교회를 찾아 기도하지만 때로 어떤 교인의 24시간 풀타임 기도가 하늘로 솟구쳐 올라갑니다.

그런데 그렇게 기도를 하면서도 그 기도의 목적이 무엇인지를 지식으로는 알고 있지만 심령에 와 닿기에는 무엇인가 핵심이 빠진 것

같고 기도의 방향을 잡지 못하는 것 같아서 어떻게 창조적 기도를 만들어 낼 것인지 생각하는 시간을 갖겠습니다.

누가 가르치고 가르침을 받는 것이 아니고 우리에게 가르쳐 주시는 분은 주님이십니다. 주님께서 직접 오셔서, "내가 2000년 전에 겟세마네 동산의 기도를 어떻게 한 줄 아느냐? 내가 직접 네게 가르쳐주마. 내 형상, 내 모습이 네 앞에 직접 그 때 그 모습으로 나타나진 않지만 내 사랑하는 종들을 통해서, 그들의 입을 통해서, 그 당시에 있었던 나의 모습과, 마음과, 생각과, 기도와 나의 창조적인 파워를 오늘 내가 이 시간 흘려보내 주리라."

주님께서 오늘 우리에게 오셔서 이렇게 들려주시려고 하는 말씀입니다.

창조적 기도는 생각의 바람을 가져옵니다. 창조적인 기도가 있는 곳에서는 생기가 돌아갑니다. 시체가 있는 곳에는 적막감이 흐릅니다. 그런데 아기들이 있는 곳은 아기 울음도 있고, 웃음도 있고, 아기의 동작도 있고, 아기의 애교도 있어서 거기에서는 무엇인지 생명이 솟아납니다. 우리의 기도 자리가 바로 이것입니다.

기도하도록 이렇게 시간이 정해져 있기 때문에 기도할 때는 적막이 흐르는 기도 자리가 됩니다. 우리는 아기들처럼 그냥 자유롭게 숨쉬는 기도를 해야 합니다. 생명의 바람을 일으키는 그곳에 어떤 일이 일어나는가 하면, 모든 생명들이 호흡하는 역사를 가져옵니다.

병원에서 위급한 환자에게는 인공호흡을 시킵니다. 인공호흡 시키는 이유가 무엇인지 아시지요? 심장이 멈출 때 전기 충격을 주는 이유를 여러분은 잘 아실 것입니다. 생명을 다시 부르기 위해서입니다. 꺼져가는 생명을 다시 살리기 위해서, 멈춰진 생명을 충격을 주어서 다시 재작동하도록 하기 위해서 전기로 강한 충격을 줍니다. 바로 창조적인 기도가 이와 같은 역할을 하게 됩니다.

겟세마네 동산의 주님의 기도를 묵상하며 우리 중에 혹시 병들어서, 혹시 몸이 약해서, 혹시 나쁜 공기에 오염이 되어서 뭔가 호흡하기에 어렵고 죽어가는 그 순간에 호흡이 폐부에 다시 들어가도록 해 줘야 합니다. 이것이 바로 주님께서 우리에게 가장 원하시는 기도입니다.

예수님 대신 십자가를 지고 골고다 언덕을 올라가야 했던 시몬처럼 불평하며 십자가를 끌고 가는 심령에 예수그리스도의 생명의 바람이 들어갈 때 그 불평이 기쁨으로 바뀌어 환희의 춤을 추게 됩니다.

울며불며 그 골고다 언덕을 십자가를 질질 끌고 나 죽으러 간다고 통곡하는 그런 아픔이나 죽음을 향한 것이 아니고, 이 십자가가 바로 나를 살리는 생명구원을 가져오는 길이라고 생각할 때 우리는 십자가를 지고 고통 속에 죽어가며 마지막 호흡을 하는 예수님의 얼굴을 보는 것이 아니고, 그 속에 아버지를 향하여 "아버지 다 이루었습니다. 내가 이루도록 아버지께서 도와 주셨지요. 감사합니다. 아버지의 마음에 진실로 감사합니다. 아버지의 마음, 그 뜻을 알기에 이걸 이루었습니다."하는 예수님의 감격을 느낄 수 있을 것입니다.

그때 아들과 아버지 사이는 어떤 얼굴일까요? 어떤 기쁨이 있고 어떤 감사함이 있고 어떤 위로함이 있을까요? 그것을 우리는 느끼고 체험해야 합니다. 아픔과 눈물의 기도를 하라는 것이 아니고 기뻐하는 기도를 하라는 것입니다.

이 기뻐하는 기도의 내용은 두 가지입니다. 하나는 죽음이 그 안에 들어가 있을 것이고 또 하나는 그 곳에 생명이 숨 쉬도록 하라는 것입니다. 죽음과 생명이 교차해가면서 숨 쉴 때 거기에는 매년 새로운 싹이 돋아납니다.

겨울을 보십시오. 모든 풀들이 다 죽어버립니다. 봄을 보십시오. 다시 다 살아납니다. 1년을 우리가 볼 때 죽음과 삶이 한 바퀴 돌아오면 우리는 1년 지났다고 합니다. 그렇지요? 우리의 기도가 한 바퀴 돌 때, 죽음과 삶이 한 바퀴 돌 때 그 때는 생명이 숨 쉬는 것이 있고 그 생명이 숨 쉴 때마다 우리의 기도는 성장을 하게 됩니다. 마치 식물이 성장을 하는 것처럼 이러한 내용들을 우리가 잡을 때 우리의 기도는 성숙하고 성장하는 기도가 됩니다.

지금 이 순간은 춤추는 시간입니다. 바로 겟세마네 기도의 동산은 창조적인 기도의 능력이 임하는 시간이기 때문입니다. 예수님이 창조적인 능력을 어떻게 일으켜 가는지 보면서 기도할 때 아버지께서 하늘의 천사를 보내 나를 도와주십니다.

등불을 밝히는 기도

우리가 비록 그 곳 이천년 전의 겟세마네에 가서 못할지라도 이곳도 주께서 주신 겟세마네 기도의 동산입니다. 땅에서 보면 100평짜리 맨션이 굉장히 커 보입니다. 20평짜리 아파트는 좀 작게 보여요. 그런데 비행기 타고 하늘에서 보면 100평짜리나 20평짜리나 똑같이 점 하나입니다. 하늘에서 볼 때는 중동의 겟세마네 동산이나 한반도의 조그마한 기도처나 한가지라는 말입니다. 그곳이 바로 이곳이라고 생각을 하며 그곳에서 그 분은 어떤 창조적인 능력을 발휘했는지를 보고 우리도 그 기도를 배우는 것입니다.

주님은 하늘 문을 여는 기도의 능력을 그곳에서 보여주셨습니다. 기도할 때에 그 기도가 어떻게 움직여 가는지를 그 분은 보여주셨습니다. 그 분이 처음에 기도의 동산에 들어갈 때 어떠셨습니까? 우리의 기도와 꼭 같이 흘러갑니다. 그분이 그렇게 기도하신 것은 바로

우리들에게 기도의 모범을 보여주시기 위해서였습니다. "기도라는
것이 바로 이런 것이다"하고 겟세마네 동산에서 인간이 기도하는 그
과정을 보여주셨습니다.

우리들이 처음 기도의 자리에 들어갈 때 어떻게 합니까? "하나님
이것도 해주고 저것도 해주고, 여기도 가렵고 저기도 가렵고, 이것도
아프고 저것도 아프고, 이것도 막혔고 저것도 막혔습니다. 하나님 이
것 좀 해주십시오."라고 해 달라는 것 뿐입니다.

처음 기도의 자리에 들어갈 때 우리는 인생에 관한 기도를 하게
됩니다. 인간의 기도를 하게 됩니다. 그래서 인간의 샘플을 어떻게
말씀하셨는가 하면, "아버지, 내가 인생의 이 아픈 고난, 고통, 실패,
좌절, 죽음 이런 것들을 감당 안하고 다른 길로 돌아가면 안 될까
요?" 우리의 기도를 그 분이 미리 보여주신 것입니다. 처음에 그렇게
기도에 들어갔지요. 그러나 기도하다 보니까 어떻게 되지요? "내 뜻
대로 마옵시고 내 인생, 내 아픔, 내 고통, 내 절망, 내 패배, 내 죄 내
버려 두고 아버지 뜻대로 하십시오." 하고 바뀝니다.

예수님의 기도가 이렇게 바뀌어 가는 과정을 보면서 창조적 기도
를 위해 새로운 기도를 말합니다.

내가 기도를 하는 것이 아니고 기도가 나를 풀어 놓도록 하십시
오. 내가 기도를 하는 것이 아니고 기도가 나를 기도하게 하라는 것
입니다.

내가 기도한다고 생각하지 말고 기도가 나를 풀어놓는다고 생각
하십시오. 그렇게 기도할 때 그때부터 하늘로부터 창조의 능력을 받
게 됩니다. 하늘의 능력의 새 바람이 그 안에 들어가게 되는 것입니

다. 그래서 무능했던 기도가 유능한 기도, 게을렀던 기도가 부지런한 기도, 의심했던 기도가 확신하는 기도로 바뀌고 순간순간마다 하나님께서는 봄바람을 불어 넣습니다. 그러면 죽었던 풀이 봄이 되어서 포기 포기마다 잎사귀가 파릇파릇 돋아나듯이 그 기도가 살아납니다. 그래서 우리의 겨울을 봄으로 바꾸는 멋진 순간이 되시기 바랍니다. 하나님이 우리에게 주신 잔치자리입니다. 그 잔치자리를 어떻게 우리의 잔치로 만들 것인지가 참으로 관건입니다.

창조적 기도에서는 기도가 진행되면 진행될수록 기도의 주체가 바뀝니다. 기도의 주체가 처음에는 내가 기도하다가 기도가 진행되면 진행될수록 성령께서 기도하시니 나는 단순히 통로가 됩니다. 창조적인 기도를 할 때는 처음에는 자신을 위한 기도를 하지만 계속 진행이 되어 가면 하나님의 뜻이 이루어지도록 나는 하나님의 도구로 쓰임을 받게 됩니다. 나 자신도 모르게 도구로 쓰임을 받게 됩니다. 그 기도의 능력은 하나님이 자신의 뜻을 자신의 일을 이루기 위해서 우리를 들어 쓰시는 것이고 그 때 하나님이 나를 향하신 그 능력이 제한이 없게되는 것입니다.

주님께서는 성숙한 단계로 올라가는 기도가 무엇인지 그것을 가르쳐 주기 위해서 겟세마네라는 그곳에서 제자들을 데려다가 기도의 본을 보여주셨습니다. 예수님께서 제자들에게 기도의 동산에 데리고 가서 같이 기도하자고 하시지만 예수님은 그들의 기도의 한계를 압니다. 그들의 기도의 마음을 알고, 기도의 자세를 알고, 그들의 기도의 능력을 알기 때문에 그들의 중보기도의 힘을 입어서 이 십자가의 죽음을 넘어가려고 하시지는 않습니다.

우리는 "야, 나 혼자 고생과 고통을 당하는데 너희들은 왜 가만히 있는 거냐?" 라고 섭섭해 하신다고 생각할 수 있는데 예수님이 겟세마네 기도의 동산에서 하신 기도는 제자들의 도움을 받으려는 것이 아니고 그들에게 아버지께서 기뻐하시는 기도가 무엇인지 가르쳐 주시려고 예수님이 본을 보여 주신 것입니다.

겟세마네 기도의 동산에서 아버지께 기도한다고 할 때 기도한 사람과 잠을 잔 사람과 그 기도에서 벗어난 사람, 그들의 인생이 어떻게 되는지 가만히 보세요. 예수님이 기도를 마치시고 "자, 이제 끝났다. 그들이 오는구나, 가자" 고 하십니다. 그들은 누구를 말합니까? 기도의 결과대로 데리고 갈 사람들이 온다는 것입니다.

성령의 기도를 한 사람에게는 성령의 기도, 그곳으로 데려갈 사람이 오고, 실패의 기도를 한 사람에게는 실패의 기도를 한 그 사람들만을 데리고 가는 안내자들이 온다는 것입니다.

예수님의 겟세마네 기도는 기도의 자리에서 우리가 어떻게 해야 하는 것인지 가르쳐 주셨습니다. 우리는 예수님이 이 땅에서 기도가 무엇인가를 보여 주셨던 그 겟세마네 기도의 동산을 올라가봅니다. 그 동산은 예수님의 인생에서 예수님의 인성 위에 예수님의 신성, 즉 그리스도를 세우는 순간입니다. 겟세마네의 기도를 단순히 그분께서 피 흘리고 무엇을 했다고 그렇게만 바라볼 것이 아닙니다. 인성에서 신성으로 흘러가는 그 과정을 거기서 보게 됩니다.

인성의 기도에서 신성의 기도로, 인간의 기도에서 하나님의 기도로 변화되는 그 과정을 보게 됩니다.

영원한 생명의 길로 인도하는 기도가 있는가 하면 잠자는 가운데서 영원한 파멸로 가는 기도도 있습니다. 생명의 길로 이끌어 그 등불을 밝히는 기도, 거기에는 무엇이 있나요? 자기가 죽음으로 하나님의 뜻이 이루어지는 인류 역사상 가장 아름답고 신비한 역사를 우리는 기쁨으로 감사하며 보게 됩니다.

기도의 참된 자리

인간의 구원의 역사를 하나님이 설계하셨습니다. 그 다음 그것을 이루어 가신 분은 예수 그리스도 이십니다. 하늘에 계신 하나님은 죽음의 잔을 준비하셨고 그 아들 예수 그리스도는 죽음의 잔을 마시는 그 과정을 우리에게 실제로 보여주셨습니다. 죽음의 잔을 주시는 하나님과 그 죽음의 잔을 기쁨으로 받아들이는 예수 그리스도 사이에는 명령과 순종이 일치했습니다. 사랑과 존중이 함께 했습니다. 아픔과 위로가 같이 했습니다. 속죄와 구원이 한마당의 잔치를 이루는 그런 자리가 되었습니다.

우리는 이 땅에서 기도할 때에 내 뜻이 이루어지고 내 소원이 이루어지고 내 기도의 조건이 다 이루어지는, 내 뜻이 만들어지는 그곳이 기도의 처소라고 생각을 해왔습니다.

내 뜻이 이루어지는 그 기도처가 어디일까요? 내 기도가 꽃피는 그곳은 어떻게 될까요? 결국은 이 땅을 사탄의 잔치 자리로 만드는 곳이 바로 그런 기도자리입니다. 처음에는 좋은데 나중에 가면 죽음 뿐입니다.

옛날 옛날에 아주 욕심 많은 왕이 있었다고 합니다. 그 나라가 부하고 그 왕의 창고에는 금과 은과 곡식이 아주 많이 있었는데, 이 왕이 아주 욕심이 많았습니다. 하루는 그가 섬기는 신을 만나게 되었습니다. 만나서 이야기를 하다가 왕이 신에게 말을 합니다. "내가 만지는 것 모두 금이 됐으면 좋겠습니다. 내 창고에 금이 있지만 금이 더 필요합니다. 흙으로 만든 이 찻잔이 내 손만 가면 금이 되게 해주십시오." 그래서 그 신이 말을 했답니다. "그것을 그렇게 하고 싶으냐?" "예, 그렇게 하고 싶습니다. 그러면 내가 큰 부자가 되고 또 능력자가 되지 않겠습니까?" 그래서 "글쎄다. 그것 좀 생각을 해보지." "아닙니다. 꼭 그렇게 되고 싶습니다." "후회하지 않겠느냐?" "절대 후회하지 않습니다." "그래 절대 후회하지 않는다면 좋다. 소원을 들어 주마. 나를 원망하지 말아라." 그렇게 신과 왕 사이에 약속이 되었습니다. 그 순간부터 왕이 손으로 만지는 것은 모두 금으로 변하게 해주었습니다. 왕이 시험 삼아 찻잔을 들어봤습니다. 질그릇이 황금으로 변합니다. 금으로 변하니까 이게 진짜 속까지도 금인지 의심 많은 왕이라 그 잔을 깨뜨려 봅니다. 깨봤더니 속도 금입니다. 의자를 만지니 의자가 금이 되어 버립니다. 밥그릇을 만지니 밥그릇이 금이 되어버립니다. 얼마나 좋겠어요? 우리의 기도가 바로 이렇다는 것입니다. 그 가운데 다른 이야기 다 싹 빼버리고 갈 길이 바쁘니까 결론만 말합니다. 그런데 왕의 무남독녀가 저기서 쫓아옵니다. "아빠!" 하고 쫓아옵니다. 그렇게 눈에 넣어도 아프지 않은 딸이 뛰어오니 이 왕이 얼마나 좋아요. 그래서 의자에서 일어나서 어린애를 안았습니다. 팔을 활짝 펴고 가서 꽉 안았습니다. 어떻게 되었을까요? 아이가 금이 돼버렸어요. 그냥 웃고 지나가는 이야기가 아닙니다. 애가 금이 돼버렸습니다.

우리는 "내가 만지는 것마다 금이 되게 해주십시오." 하고 그 왕과 똑같은 기도를 합니다. 내가 기도하는대로 다 이루어 주십시오. 내가 기도하는대로 이것도 되게 하고 저것도 되게 하고, 이것도 안되면 안 됩니다. 저것도 안되면 안 됩니다. 이렇게 이렇게 해주십시오.

바로 이렇게 우리의 요구가 이루어지는 기도의 자리는 죽음의 자리요 사탄의 잔치자리가 되고 마는 것입니다.

그러면 기도의 참된 자리가 어디에 있습니까? 내 뜻이 아닌 아버지의 뜻이 이루어지도록 하는 그 자리에 하나님께서 우리에게 천국의 만찬 테이블을 배설하십니다.

거기에는 테이블 위에 어떤 것이 놓여질까요? 우리 영혼을 위한 음식이 차려집니다. 그런데 하나님이 우리 영혼만 만드신 것이 아닙니다. 우리의 육체도 만들었죠? 하나님의 만찬 테이블에 가면 마치 지구상의 양식, 한식, 중식 ,외식 이렇게 따로따로 코스가 있는 것처럼 하나님의 만찬 테이블에는 우리의 영혼을 위한 만찬 테이블이 쫙 배설되어 있습니다. 그 다음에 또 한 곳에 가면 우리의 육체를 위한 음식들이 쫙 차려져 있습니다. 그 다음에 어느 한 곳에 가면 우리의 지식, 지혜, 이성과 감성, 음악, 예술, 예능 등을 위한 만찬 테이블이 있습니다. 그 다음에는 또 하나 작품을 위해 배설된 자리가 있습니다. 그것만 먹으면, 그것만 잡으면 우리 인생의 환경들이 치유되는 그런 테이블도 있단 말입니다.

하나님의 만찬자리가 바로 그런 자리입니다. 하나님의 뜻이 이루어지는 곳, 하나님의 뜻이 이루어지도록 기도하는 곳이 바로 하나님의 만찬 테이블을 준비하는 기도의 자리가 되는 것입니다. 그 기도의 자리에 가게 되면 조금 전에 말씀드린 대로 영을 위하여 혼을 위하여 육체를 위하여 우리의 환경들을 위하여 치료할 수 있는 약들이 있고, 그것만 먹으면 자연식 먹은 것처럼 자동으로 원기 회복이 되는 것입니다. 또한 모든 병들이 물러가게 되고, 불안전한 것이 완전하게 되고, 찌그러진 것이 바르게 되고, 찢어진 것이 아물게 되는 그런 것들이 만찬 테이블에 다 준비가 되어 있는데 우리는 그것을 미처 생각하지 못하고 그냥 우리 생각하는 대로 당장 바쁜 대로 기도하니까 그 기도의 자리는 창조적 능력을 가진 자리가 될 수 없는 것입니다.

고난의 잔, 축복의 잔

우리 주님께서 아버지께서 주신 잔을 내가 마시지 않겠는가 하신 '아버지께서 주신 잔'에는 두 가지 뜻이 있습니다.

하나는 고난의 잔이요, 또 하나는 축복의 잔입니다. 아버지께서 우리에게 고난의 잔을 주실 수도 있고 축복의 잔을 주실 수도 있습니다. 어느 사람에게는 고난의 잔을 먼저 주고 어느 사람에게는 축복의 잔을 먼저 줍니다. 하나님께서 자식들에게 너는 미우니까 고난의 잔만 매일 마시라고 하고, 너는 예쁘니까 축복의 잔만 매일 마시라고 하시지 않습니다. 그렇게 편파적인 분이 아닙니다. 하나님은 편식을 안 시키십니다. 어느 사람에게는 고난의 잔이 먼저 갔는가 하면 어느 사람에게는 축복의 잔이 먼저 가는 것입니다. 순서가 바뀌었을 뿐이지 주시는 그 분이 내게 가장 선하게 주실 것이라고 생각하면 됩니다. 선하게 주셨으니 그것이 고난의 자리든, 그것이 축복의 자리든

나보다 더 지혜로우시고 나보다 더 능력이 많으시고 나보다 더 앞길을 아시는 하나님임을 우리가 인정해야 합니다. 그것을 인정하지 않기 때문에 이 잔은 좋아하고 저 잔은 싫어하는 것입니다.

그럴 때마다 우리가 갖는 불신이 올무가 됩니다.

하나님으로부터 우리 고난의 잔이 100% 올 때 그 100%의 고난의 잔을 기쁨으로 마시게 되면 그 속의 고난이, 그 쓴 잔이 우리 속에 들어가서 100% 능력을 발휘하게 됩니다. 우리 속에 들어가서 완전히 치유하는 축복의 자리로 올라가게 합니다.

하나님께서 고난의 잔을 주실 때 우리가 50% 기쁨으로 받는가 70%, 90% 기쁨으로 받는가에 따라서, 그 분이 주신 것을 내가 얼마만큼 순수하게 받아드리는가에 따라서, 내 안에 받아들인 것만큼 그 분이 치료하십니다.

내가 50% 받아들이면 50% 만큼 치료가 되는데, 그 다음이 놀랄 일입니다. 치료가 되는 것이 문제가 아니고 하나님께서는 주실 때 100% 온전하게 주시는데, 내가 50%만 받을 준비가 돼 있으니까 남은 50%는 흘러가 버립니다. "저 사람은 컵까지 잔뜩 채우는데 나는 왜 이것만 줍니까?" "너의 그 컵 한번 봐라. 그 중간에 구멍이 나 있지 않느냐. 아무리 쏟아 부어도 그리로 다 새버리지 않겠느냐." 컵 중앙에 구멍이 나 있을 경우에는 아무리 쏟아 부어도 다 새나가게 되어 있습니다. 그 구멍부터 때우라고 하십니다. 하나님께서 우리에게 고난과 아픔을 주실 때 감사하십시오. 내가 100% 받아들일 때는 100% 받아들인 그것이 내 속에 들어가서 100% 치료를 합니다. 치료를 하고 그 다음에 축복의 잔을 쏟아 부어 주시는데 비로소 그때

100%를 내 것으로 할 수가 있는 것입니다. 그러나 그렇지 못한 경우에는 우리가 부정한 것만큼, 거부한 것만큼 하나님의 축복은 땅으로 쏟아져 내립니다. 새어 버립니다.

가만히 생각해 보십시오. 우리 예수님께서 왜 고통을 두고 기도했을까요? 그 분은 고통당할만한 죄를 지은 분이 아닙니다. 그 분은 고통으로 인해서 채찍을 맞을 그럴 분이 아닙니다. 그런데도 그분이 고통을 두고 그렇게 기도한 것은 우리의 고통을 그분이 대신 지시기 위해서 기도하신 것입니다. 예수님 그분은 겟세마네 동산에서 악한 세대들과 영적싸움을 할 만한 그 어떤 이유가 없습니다. 그분은 승리자입니다. 모든 사탄들은 예수님의 발아래 밟히는 것들입니다.

그런데 왜 그분이 기도의 동산에서 그렇게 피를 흘리는 영적싸움을 했을까요? 바로 그분은 우리가 싸우게 될 영적싸움을 위해 우리를 대신해서 피 흘리는 싸움을 하신 것입니다. 생각해 보십시오. 예수님이 자신을 위해 기도를 해야 할 이유가 있을까요? 아닙니다. 예수님 그 분은 자신을 위한 기도의 제목을 갖고 있지 않습니다. 우리의 기도제목을 놓고, 우리의 기도를 가지고 그분은 기도하시는 것입니다.

이렇게 생각할 때에 그분의 겟세마네 기도가 어떤 기도인가, 바로 나를 위한 기도입니다. 그분의 겟세마네 기도가 나를 위한 기도이고 겟세마네 기도의 터가 나를 위한 기도의 터이고 그분의 겟세마네 기도의 영적싸움은 바로 그분이 싸워야 할 싸움이 아니고 나를 위해서 그분이 싸우고 계신 전쟁터입니다. 그 사실을 깨달았을 때 원기백배하지요. 힘을 얻지요. 강한 파워를 가지게 됩니다. 그때부터 우리의 기도는 살아나게 됩니다.

　죽어가는 환자에게 산소 마스크를 씌워서 호흡이 다시 살아나게 되면, 호흡이 정상으로 돌아오게 되면 침대에 누워있지 않습니다. 일어납니다. 그리고 그에게 산소를 공급해 준 의사에게 감사를 표시합니다. 그리고 나서 그는 정상인으로 생활하게 됩니다.

생명 구원의 겟세마네 기도

겟세마네 동산에서 그분이 왜 기도를 하셨고, 그분이 왜 고통을 당하셨고, 그분이 왜 그렇게 하늘을 향하여 하소연을 하셨는지 묵상해 보십시오. 그리고 난 다음에 우리가 할 기도의 제목이 있습니다.

"주님! 겟세마네 동산에 제가 앉겠습니다. 주님! 겟세마네 기도 동산에 내려와서 내 대신 그 자리에 앉지 마십시오. 제가 앉을게요. 주님! 옆에서 보십시오. 제가 기도를 어떻게 하는가 보시고 잘못하면 가르쳐 주십시오. 졸면 깨워주시고 엉뚱한 생각나면 꿀밤 주세요. 그러다가 힘이 없으면 천사를 보내 주셔서 힘주시고 나로 하여금 주님께서 기도하시는 그 모습을 보게 하여 주십시오."

"주님! 전 아무리 기도를 해도 눈물 밖에 안 나와요. 아무리 기도해도 주님이 내 대신 고통과 아픔 당하시니 그냥 눈물 밖에 안 나와요. 그런데 주님 눈물 가지고는 뭔가 좀 모자라는 것 같아요. 아버지의 뜻이 내게 아주 진하게 오지 않는 것 같아요. 아버지의 뜻이 내게 진하게 오게 할 어떤 방편이 있지요? 그것 좀 가르쳐 주십시오." 그럼 주님께서 그게 뭐냐고 물으십니다.

"주님 기도할 때 땀 안에 피가 섞여 나오지 않았어요? 그걸 내가 좀 하고 싶은데요. 그렇게 좀 되게 해주십시오." 그렇게 기도할 때, 그렇게 청원할 때, 주님께서 뭐라고 그러실까요? 빙긋이 웃으시면서 그게 그렇게 하고 싶으냐고 아마 질문을 하실 것입니다. 그 때 그 질문 속에는 큰 비밀이 있습니다.

그 기도는 지옥의 처절한 참상을 본 자만이 할 수 있는 기도입니다. 예수님 그분은 천국과 지옥을 만드신 분입니다. 지옥의 처절한 참상을 그들이 당할 것을 주님께서 보셨기에 아버지께서 구원할 그 자들이 지옥의 자리에 가지 않게 하옵소서. 지옥을 그분이 만드셨기에 지옥의 그 무서운 고통을, 다시 헤어날 수 없는 영원한 죽음의 자리를 그 분은 아시기에 그래서 그렇게 가지 못하게 하려고 피를 흘리며 기도하셨다는 것을 우리는 알아야 합니다.

지옥의 참상을 우리는 막연히 생각합니다. 불못이라고 막연히 생각합니다. 성경의 기록을 보십시오. 한번 들어가면 다시 나오지 못합니다. 거기서부터 또 시작합니다. 아무리 불꽃이 활활 타오르더라도 구더기가 타 죽지 않는다고 했습니다. 거기가면 우리 육체가 어떻게 된다고 그랬습니까? 석쇠 위에 생선 갖다 놓고 소금 뿌려서 숯불 위에 소금 튀듯이 그렇게 굽는 곳이라고 그랬습니다. 그 지옥을 만든 분이기에, 그 지옥의 참상을 그분은 너무나 잘 알고 있기에 "아버지 저들이 그리로 가지 않게 하옵소서." 처절하게 기도하신 것입니다.

그 처절한 기도 그 현장을 아는 자만 피를 쏟을 수 있다는 것입니다.

인생을 사는 가운데서 우리가 공포를 느끼는 것은 공포를 느낄만한 이유가 있기 때문에 공포를 느끼는 것입니다. 예수님께서 그렇게 두려워하고 떨며, 우리를 대신해서, 우리의 인간의 모양 그대로 기도하신 것은 그럴만한 이유를 그분이 봤기 때문이고, 알기 때문입니다. 그것을 몰랐다면 지옥이 그렇다는 것을 그가 몰랐다면 구태여 땀방울에 피까지 섞을 이유가 없는 것입니다. 그 처절한 참상을 그 분이 알았기에 그 분이 피를 흘려 기도할 만한 그 이유를 알고 있기에 그런 것입니다.

우리가 갑작스럽게 공포를 당하게 되면 제일 먼저 어떤 반응이 나오지요? 모공이 수축하고 솜털이 쭈뼛하며 섭니다. 그랬다가 조금 더 가게 되면 어떻게 되죠? 다 큰 남자들도 다 큰 여자들도 아래로 물을 쏟아요. 갑자기 두려움이 오면 오줌을 싸버려요. 어른 아이 상관없습니다. 그 다음에 공포가 더 오면 기절하게 되고 더 하면 피를 쏟게 됩니다. 피가 튀어 나오게 돼요. 지옥의 참상을 두고 기도하니 자동적으로 피가 섞여 나옵니다.

우리들이 그런 마음을 가지고 있나요? 우리 주님께서 "너 지옥에 대해서 그렇게 실감하느냐, 너 지옥에 대해서 그렇게 생각느냐, 너 이 세상 살아가면서 지옥에 가지 않기 위해서 그런 생각을 해봤느냐?" 하십니다. 그 생각을 가진 자만이 땀방울 속에 핏방울이 들어갑니다. 그것이 주님께서 우리에게 가르쳐 주고 싶은 마음입니다. 막연히 내 기도 속에다 피가 섞이게 해 주십시오. 그렇게 해서 피가 섞이게 되는 것이 아니고 피가 섞일 만한 그 참상을, 그 현실을, 그 진실을 알 때 자동으로 피는 섞여 나오게 되는 것입니다. 겟세마네 동산의 기도는 그렇게 핏방울이 섞여 나오는 기도중의 기도임을 알게 됩니다. 이 겟세마네의 기도가 바로 창조적 기도입니다. 생명 구원의 기도입니다. 창조적 기도는 새 일을 창조합니다. 새 길을 열어 줍니다. 지금까지 길이 없던, 누구도 한 번도 가보지 않은 하나님의 원시림에 새 길을 내게 합니다. 그리고 열려진 새 길로 수많은 영혼들이 인도를 받게 합니다.

우리는 겟세마네 기도의 동산에서 창조적 기도의 역사가 일어나도록 해야 합니다.

제5장

부활 생명으로 가는 길

산에 이르러 하나님의 사람에게 나아가서 그 발을 안은지라 게하시가 가까이 와서 저를 물리치고자 하매 하나님의 사람이 가로되 가만 두라 그 중심에 괴로움이 있다마는 여호와께서 내게 숨기시고 이르지 아니하셨도다 여인이 가로되 내가 내 주께 아들을 구하더이까 나를 속이지 말라고 내가 말하지 아니하더이까 엘리사가 게하시에게 이르되 네 허리를 묶고 내 지팡이를 손에 들고 가라 사람을 만나거든 인사하지 말며 사람이 네게 인사할찌라도 대답하지 말고 내 지팡이를 그 아이 얼굴에 놓으라 아이의 어미가 가로되 여호와의 사심과 당신의 혼의 사심을 가리켜 맹세하노니 내가 당신을 떠나지 아니하리이다 엘리사가 이에 일어나 여인을 좇아 가니라 게하시가 저희의 앞서 가서 지팡이를 그 아이의 얼굴에 놓았으나 소리도 없고 듣는 모양도 없는지라 돌아와서 엘리사를 맞아 가로되 아이가 깨지 아니하였나이다 엘리사가 집에 들어가 보니 아이가 죽었는데 자기의 침상에 눕혔는지라 들어가서는 문을 닫으니 두 사람 뿐이라 엘리사가 여호와께 기도하고 아이의 위에 올라 엎드려 자기 입을 그 입에; 자기 눈을 그 눈에, 자기 손을 그 손에 대고 그 몸에 엎드리니 아이의 살이 차차 따뜻하더라 엘리사가 내려서 집 안에서 한번 이리 저리 다니고 다시 아이 위에 올라 엎드리니 아이가 일곱번 재채기 하고 눈을 뜨는지라(왕하 4:27~35)

깊은 영적기도로 가는 길

창조적 기도는 하나님께서 순간순간마다 하나님의 뜻대로 역사하십니다. 우리 인간이 가지고 있는 능력으로 내가 이렇게 손 얹으면 병이 낫는다, 내가 예언하면 틀림없다. 그런 것이 아니라 살아계신 하나님께서 순간순간 가는 곳곳마다 형편과 여건에 따라서 그분이 자신의 마음대로 자신의 뜻대로 자신이 하고 싶은 대로 역사하시는 것이 창조적 기도입니다. 하나님의 살아계신 영이 그곳에 와서 누구를 통해서든 역사하시도록 그런 자리를 만드는 것뿐입니다. 역사하시는 분은 하나님이십니다

그래서 영성세계에 들어오신 분들은 창조적인 기도에 아주 깊이 들어가기를 갈망해야 합니다. 창조적 기도에 들어가면 갈수록 그 입구는 수많은 절벽과 계곡이 도사리고 있습니다. 내가 지금까지 가지고 있던 방언이나 예언이나 신유나 모든 은사나 능력을 포기해야 합

니다. 그것들을 부인하는 것이 아니라 그것을 포기해야 한다는 것입니다. 다시 말하면 그런 것들은 마치 우리가 여름에 바닷가로 피서를 가서 어른들은 바다 깊이 들어가지만 어린아이들은 부모님들이 지키고 서있는 가운데 "이 이상 들어가면 안된다." 그렇게 해놓고 무릎이상 안 들어가는 물가의 모래밭에 앉아 물장구를 치게 합니다. 발 갖고 물장구치고 손 갖고 물장구치고 거기서 왔다 갔다 하면서 모래성도 쌓고 또 저수지도 만들어 바닷물이 들어오게도 합니다. 그러나 절대 그 이상 못 들어가게 합니다.

그런데 수영선수를 만나서 수영선수가 아기에게 수영을 가르쳐준다고 하면 좋다고 하겠지요. 그러면 아기를 데리고 물장구치던 거기서 같이 물장구를 칠까요? 아니면 아기를 데리고 바다로 들어갈까요?

기도의 자리에서 환상을 보고 기뻐하고 즐거워합니다. 눈물도 흘리고 춤도 춥니다. 기도의 자리에서 예언을 받았다고 "다 이루었도다."하고 그냥 가버립니다. 그런 사람들에게 놓으라고, 기도의 자리에 다시 들어가라고, 한 단계 더 깊은 기도의 자리에 들어가라고 말합니다. 다시 말하면 내가 목숨 걸고 금식을 해서 받았든지, 단식을 해서 받았든지 40일, 50일, 70일 몇 번을 소나무 뿌리를 뽑아가면서 받았던지 그것은 물장구치는 것입니다. 바닷가의 그 얕은 물가에서 물장구치는 것하고 다를 바가 없습니다. 그것이 능력이 없다는 것이 아닙니다. 그것이 불필요하다는 것이 아닙니다. 그것은 한계가 있다는 말입니다. 그 선 이상, 무릎 이상으로 아기는 더 못 들어갑니다. 10년을 그 바닷가에 가도 물장구치는 애들은 한 길 바다 속으로 못 들어갑니다. 20년을 바닷가에 가도 그 바다 속 깊이는 못 들어갑니다. 깊이 들어가서 10m, 20m, 30m 그 수심 속에 있는 해삼도 못 잡고, 조개도 못 잡고 백년을 가도 바다 속 깊이 있는 진주조개를 잡는 것은 꿈도 못 꿉니다.

예언이나 환상이나 신유나 그것 가지고 물장구치거든 보이는 대로 그냥 엎어 치우라고 그러십시오. 그렇게 엎어치우면 내가 지금까지 이걸 위해서 어떻게 해왔는데 하며 얼마나 아쉬워하는지 모릅니다. 내가 이걸 위해서 몇 십 년을 산기도 했는데, 이걸 위해서 교회에서 얼마나 내가 무릎 꿇고 기도했는데, 이걸 위해서 내가 비도 맞고 눈도 맞고 금식도 하고 얼마나 내가 고통을 당했는데 이걸 버려. 나는 절대로 못 버린다고 합니다. 하지만 그것이 제거 되지 않는 한 창조적 기도의 입문에도 못 들어갑니다. 내가 내 속에 무엇인가를 가지고 있을 때는 하나님의 영은 내게 오셔서 역사하시지 못합니다.

예를 들면 제 손에 책이 있습니다. 제 손은 누구의 것입니까? 이것을 내가 쥐고 있는 한 내 오른손은 책의 손입니다. 내 손이 아닙니다. 내가 이것을 쥐고 있는 한 이 손은 이 팔은 책의 손이고 책의 팔입니다. 이 책의 손에 다른 것이 올 때 내가 받을 수 없지요. 그래서 창조적 기도는 이것을 버리고 내 손을 비우라는 것입니다. 비어있는 그 손에 하나님께서 와서 역사 하시겠다는 것입니다.

그런데 우리 많은 사람들은 기도의 자리에 들어 갈 때(그것이 바로 한국의 영성을 잘못 이끌어 가는 암적 존재들입니다) 무조건 보여야 되고 잡혀야 되고 방언으로 뚫려야 하고 통변으로 연결 되어야 한다고 기를 씁니다. 저는 그걸 나쁘다고 거부하는 것이 아닙니다. 그것은 창조적 기도로 들어가는 한 방편이오, 길목에 불과합니다. 거기서 과감히 떠나야 합니다. 그래서 수영 선생이 얕은 물가에서 물장구 치는 아기를 등에 업고, 목에 태우고 물속 깊이 들어갑니다. 가서 괴팍한 선생은 그냥 바다에다 던지고 옆에서 쳐다봅니다. 좀 마음이 순한 선생은 "야, 내가 손잡을 테니까 발 가지고 개구리처럼 해라." 하고 시켜서 발장구를 잘 치게 되면 그 다음에는 발목을 잡고 "손을 이렇게 개구리처럼 허우적 거려봐." 그렇게 가르쳐 주고, 어떤 선생은 배 밑에다 손을 받쳐 놓고 양발 양다리를 움직이라고 합니다. 바로 이것이 기도를 가르치는 사역자들의 세 가지 패턴입니다.

우리의 성도들이나 우리의 동역자들에게 창조적 기도에 들어가라고 할 때, 그들을 물장구치는 거기서, 손에 잡고 있는 거기서 떨어뜨려야 해요, 떨어뜨리지 않는 한 그는 결코 창조적 기도의 자리에 들어 갈 수가 없습니다. 창조적 기도의 자리에 들어가려면 물장구치는 거기에서 일어나야 합니다. 그가 지금까지 재미있게 가지고 있던 것, 모래성 쌓는 것, 모래로 동물 만들고 뭐 만들고 하던 그 모든 것을 떨쳐 버려야 합니다. 떨쳐 버리지 않는 한 그는 창조적 기도의 자리에 들어 갈 수가 없습니다.

창조적 기도의 자리에 들어간다는 것은 내게 있는 모든 것을 포기하는 자리입니다. 버리는 자리입니다. 그렇게 나를 가르치고자 하는 수영코치에게 나를 맡기는 것입니다. 깊은 곳으로 가자고 할 때 "거기 가면 죽는데, 거기 가면 나 수영 못하는데…" 해도 "가자. 내가 지켜준다." 하고 수영선수는 데려 갑니다. 데려가서 아기의 신체조건, 담력 또 다른 여러 가지 상황을 판단해서 애를 받쳐주고 손 발 허우

적거리게 하는 수도 있을 것이고 다리부터 먼저 하라고 하는 경우도 있을 것이고, 팔부터 먼저 하라고 하는 경우도 있을 것이고, 벌렁 눕게 해서 뒤집어서 하는 경우도 있을 것이고, 던져버리고 먼 산 쳐다보는 경우도 있을 것입니다. 그런데 수영코치들은 수영을 가장 잘 빨리 배우는 방법은 진짜로 죽게 버려두는 것처럼 던져버리고 내버려두는 것이라고 합니다. 오든 말든 내버려 두면 기를 쓰고 나온다고 합니다. 몇 번 그렇게 하면 수영을 가르쳐 줄 필요도 없데요. 바로 그것이 창조적 기도의 자리에 들어가는 하나의 방편입니다.

기적의 근원

열왕기하 4장 21절에서 37절에 나오는 말씀의 핵심을 우리는 네 가지로 짚어 봅니다. 첫째는 생명이 태어납니다. 창조적 기도는 생명 태동의 기적을 가져옵니다.

둘째는 창조적 기도는 생명이 죽는 죽음도 가져옵니다. 하늘의 기상도가 이 땅에 어떻게 나타나고 어떻게 역사하는가? 그 속에서 그 다음에 어떻게 준비해 가는가? 영적 기상도들이 전개되어 갑니다. 세 번째, 창조적 기도는 죽음에서 다시 부활 생명으로 가져오는 능력이 있습니다. 네 번째, 창조적 기도는 하나님의 영이 함께 하심을 실제로 증명을 해줍니다. 우리 인간의 눈에 보이게 해줍니다.

제가 특이한 걸 이야기하는 것이 아니고 성경에 기록되어 있는 것을 영적인 측면에서 조명을 하는 것입니다. 다시 말하면 영이 어떻게 살고 영이 어떻게 살아남을 받으며 앞으로 영을 어떻게 살릴 것인가를 우리는 다른 측면에서 조명을 하는 것입니다. 기적이 일어나고 인간적인 답례를 하고 하나님께 감사하는 차원이 아니라 그 근원을 찾아가는 것입니다.

27절 보면 희한한 것이 있습니다. 엘리사가 어떤 사람입니까? 선견자, 선지자로서 예언의 능력, 신유의 능력, 치유의 권세, 환상, 하나님의 음성을 듣는데 엘리사만한 사람이 있습니까? 그런 엘리사가 뭐라고 합니까? 그가 받은 은사의 세계, 그가 받은 하나님의 은총, 그가 받은 예언, 그가 하늘로부터 받은 능력 그것은 하늘을 찌를 정도입니다. 엘리사는 회오리 바람타고 하늘에 올라가는 엘리야에게 당신의 능력의 두 배를 내게 주고 가라고 말했습니다. 그때 엘리야가 "네가 과한 것을 내게 요구하는구나." 탐욕을 부리지 말라는 뜻도 있겠지요. 그러면서 "만약 하나님께서 나를 취해서 가는 것을 네가 보게 되면 내게 두 배를 요구한 것이 네게 이루어지리라."

그런 엘리사에게 하나님이 어떻게 합니까? 하나님이 가리우시더라 그 말입니다.

바로 이것이 창조적 기도가 어디서부터 출발 되는지 가르쳐 줍니다. 창조적 능력의 권세가 누구로부터 오는지 알게 합니다. 하나님께서는 모든 인간이 향유하기 원하고, 갖기 원하는 그 하늘의 능력, 은사, 권세, 그 모든 것을 가진 엘리사의 눈을 멀게 하십니다. 그래서 저 여인이 왜 내게 오는지 나도 하나님이 안 가르쳐주면 모른다 그 말입니다.

엘리사를 통해서 하나님께서 가르쳐 주시고자 하는 하늘의 비밀은 내가 가장 좋은 시기에, 가장 좋은 곳에, 가장 좋은 방법으로 가르처 준다는 것입니다. 창조적 기도는 내가 지금까지 가지고 있는 것, 내가 지금까지 하고 있었던 그 한계를 훨씬 벗어납니다. 그래서 창조적 기도가 필요하면 내가 가지고 있는 모든 것을 내려놓는 것입니다. 능력과 권세를 말하는 것이 아닙니다.

저도 볼 것 다 보고 들을 것 다 듣고 만질 것 다 만져 봤습니다. 그런데 제가 그 과정을 지나면서 느끼는 것은 우리가 가지고 있는 것은 하나님께 비하면 털끝만큼도 안된다는 것을 가면 갈수록 알게 됩니다. 그분이 내게 더 귀한 방법으로, 더 신비한 세계, 모두가 알지 못하는 세계를 알려 줄 때마다, 그럴수록 머리를 숙이게 됩니다.

예를 든다면 저도 외국을 다니면서 예언을 한다는 세계적인 예언가들을 만나기도 했습니다. 그 외 또 다른 분들, 영계가 깊은 선견자와 그 그룹의 사람들을 만나보기도 하고 중보기도를 같이 하였습니다. 저를 위하여 헌신적으로 중보기도를 해주던 '린다' 라는 예언가가 있었는데 예언의 세계에 대해서 자주 대화도 하고 팩스도 주고받고 하였습니다. 제가 기도하다가 받은 것, 느낀 것, 본 것, 음성 들은 것을 주고 받고 할 때마다 그 분이 저한테 하는 말이 있습니다. "원 목사님! 하나님이 당신을 참 사랑합니다. 당신이 본 모든 것을 틀림없이 성경에 꼭 조명을 하십시오." 친절하고 조심스럽게 말합니다.

전에 하나님의 은총을 처음 받았을 때는 보이는 것이 좋아가지고 그걸 외치고 싶어서, 전해주고 싶어서 몸이 근질근질 했어요. 그래서 보는 대로 이야기해 주었습니다. 어느 처녀를 위해 기도를 하는데 환상으로 한 남자가 그 처녀를 엎어 놓고 엉덩이를 몽둥이로 때리는 것을 봤습니다. 제가 어리석게도 "야, 너의 엉덩이를 하나님이 두들겨

패더라.”고 말을 했어요. 그러니 그 순진한 처녀가 어떻게 되었겠습니까? 챙피하게 엉덩이를 두들겨 맞았다고 말을 하고 같이 있던 다른 사람이 “네가 잘못해서 너를 징계 하는 것이다” 라고 하니 그 처녀가 며칠 낮밤을 울었다고 합니다. 그런 실수를 하고 나서는 본 것을 표현을 안 합니다. 구체적으로 안 나타냅니다. 그냥 빙 돌려서 그렇다고, 그런 것 같다, 기도 좀 해봐 그렇게 합니다.

지금도 한국의 영성집회에서 어떻게 합니까? 세미나를 할 때마다 줄을 세워 놓고 예언을 해준다고 합니다. 수백 명 씩 세워 놓고 차례대로 해주는 그 예언이 우리 하나님이 말씀하시는 창조적 예언일까요? 하나님의 세계를 오염시키지는 않는지 염려가 태산입니다.

하나님과의 동역

엘리사가 뭐라고 그랬습니까? 그렇게 하늘의 능력을 받은 그가 저 여인이 내게 왜 왔는지 나도 모른다고 그랬습니다. 하나님이 아직도 내게 가르쳐주지 않아서 모른다는 것입니다. 하나님이 아직도 가르쳐 주지 않았다고 솔직히 말하는 바로 이것이 창조적 기도를, 창조적 예언을 대언하는 자의 자세입니다.

그러면 그 다음에 어떻게 합니까? 그분이 내게 가르쳐 주도록 그분께 기도를 합니다. 하나님이 적당한 시기에 좋은 방법으로 가르쳐 주실 것이라고 확신을 가지고 침묵하면 그분이 가르쳐 주시리라는 것입니다.

27절에 "가만둬라. 그 심정에 괴로움이 있다마는 주께서 내게 숨기시고 이르지 아니하였도다." 이런 순수함이 기도의 세계에서 표본입니다. 주시는 것도 하나님이시오, 역사하는 것도 하나님이시오,

바로 보여주시는 분도 하나님이십니다. 그러니 나는 백지입니다. 하나님 마음대로 그림을 그리십시오, 가르쳐 주셔도 좋고 안 가르쳐 주셔도 좋고, 오늘은 빈손 들고 가게 하셔도 좋습니다 하나님의 뜻이, 하나님의 때가, 하나님의 방법이 우리의 자리가 아니기에 하나님의 마음대로 하시는 것입니다. 그래서 그것을 기다리는 것, 그렇게 하나님께 그 자리를 만들어 드리는 것, 그것으로 우리의 일이 끝나는 것입니다.

29절에 엘리사가 게하시에게 말합니다. 아이가 죽었다는 것을 알고 난 다음엔 급히 가라고 합니다. 내 허리띠로 완전 무장하고 뛰어가라고 합니다. 그러면서 그의 지팡이를 줍니다. 그의 능력의 지팡이를 줍니다. 그리고 그것을 가지고 가면서 사람들을 만나거든 인사도 하지 말고, 만나는 사람이 네게 인사를 하여도 입도 뻥긋 하지 말고 가라고 합니다. 여기 숨어 있는 뜻을 여러분 찾아내시기 바랍니다. 그리고 난 다음에 "내가 네게 준 나의 지팡이를 그 아이 얼굴에 놓으라."고 합니다.

엘리사의 지팡이가 능력이 있을까요, 없을까요? 엘리사의 손에 있을 때는 능력이 있었습니다. 별의 별 일을 다 했으니까요. 자신의 손에 들려진 지팡이가 언제나 능력을 발휘했다는 것을 엘리사는 알고 있습니다. 그래서 엉겁결에 그 아이에게 얼른 가서 지팡이를 얹으라고 지팡이를 줍니다. 지팡이를 가지고 간 게하시가 아이에게 지팡이를 올려놨습니다. 어떤 결과가 나옵니까? 아이가 꼼짝도 안합니다. 아무런 능력이 나타나지 않습니다.

좀 더 깊은 세계로 들어갑시다. 사무엘상 3장 11절에 보게 되면,

블레셋과의 전쟁에서 하나님의 백성들이 패하고 나서 하는 말이 우리가 졌으나 법궤를 가지고 가면 이길 것이니 법궤를 가지고 오자고 했습니다. 그래서 장로들이 의논해서 전쟁터에 법궤를 가지고 왔습니다. 그 법궤 갖다 놓고 그들이 함성을 질렀습니다. 이제 이겼다고. 그런데 그 함성이 어떻게 됐습니까? 그들을 패망의 길로 이끌어 갑니다.

실패한 저들이 왜 함성을 지르는지 블레셋 사람들이 첩자를 보냅니다. 그 첩자가 와서 거기에 여호와의 법궤가 와 있다고 보고합니다. 그 법궤가 어떤 법궤입니까? 홍해를 건너게 한 하나님의 권세입니다. 요단강을 가른 것입니다. 우리는 법궤를 어떤 형상으로 생각을 하는데, 사실은 하나님의 법궤를 생명의 말씀으로 볼 수 있습니다.

생명의 말씀이 엘리사의 지팡이에 있을까요? 생명의 말씀이 그가 쓰고 있는 그 물건과 도구에 있을까요? 초대교회 사도시대에 베드로의 수건이 가는 곳마다 병자가 낫게 되고 귀신을 쫓아냈습니다. 사도 바울의 손수건 앞치마도 그랬습니다. 그것이 능력이 있다는 것입니까? 수건이나 앞치마가 능력을 발휘하는 것이 아니라 하나님의 영이 그곳에 함께 하고 역사하시겠다는 뜻이 계시므로 하나님의 능력이, 하나님의 권세가 임하도록 함께 그곳에 동행했던 것뿐입니다.

인간들이 어떤 징표나 표적이나 눈에 보이는 것들을 추구하니까 어쩔 수 없이 그들에게 보이게 한 것뿐입니다. 그런데 우리는 이런 사역자들 많이 봅니다. 3년 전에 강사 한분을 모셨더니 웃옷을 벗어 회중을 향해 휙 하고 던져요. 던지면 그것이 닿는 사람은 병이 낫는다고 그럽니다. 그런 과정을 우리는 많이 봐 왔습니다. 하나님께서 임재하시느냐 안하시느냐 하는 것이 문제입니다. 게하시가 가져간 엘리사의 지팡이가 능력을 발휘했나요? 그 반대입니다. 엘리사가 잘했다 잘못했다 그것이 초점이 아닙니다. 오늘의 초점은 그가 하나님과 동행했을 때 그 지팡이는 능력을 발휘했고, 그의 손을 떠난 지팡이는 그의 수제자 게하시가 들고 간 그의 지팡이는 능력이 없다는 말입니다.

창조적 기도가 무엇인지 우리는 엘리사와 게하시를 통해서 이해하게 됩니다. 하나님께서 동역하시는 것이 바로 창조적 기도입니다. 그러면 동일한 성경구절을 가지고 우리가 설교를 할 때도 하나님의 영이 함께 하는 것과 함께 하지 않는 것과의 차이는 산 자와 죽은 자만큼이나 하늘과 땅 차이입니다.

동일한 찬송을 할 경우에는 하나님의 영이 함께하는 찬양과 하나님의 영이 함께 하지 않는 찬송이 다릅니다. 동일한 기도를 할 경우에도, 동일한 기도문을 외울 경우에도 하나님의 영이 함께 하시는 그런 기도문과 하나님의 영이 함께 하지 않는 그런 기도문이 다르다는 것입니다. 똑같이 동일한 예배를 드립니다. 동일한 예배 순서로 동일한 예식을 합니다. 동일한 예물에 대한 축복기도를 합니다.

이 축복기도에 하나님의 영이 함께 한 자의 축복기도와 하나님이 함께 하지 아니한 자의 축복기도가 차이가 있습니다. 그것은 실제의 복과 허구의 복과 같은 것입니다. 이것은 생명이 있는 축복과 생명이 없는 축복과의 차이입니다. 더 쉽게 예를 들면 유정란과 무정란의 차이입니다. 유정란은 병아리가 태어나지만 무정란은 계란의 썩은 시체물 뿐입니다.

이제 축복기도도 함부로 주고 받아서는 안된다는 것을 알게 됩니다. 하나님의 영이 함께 할 때는 우리가 선언하는 그대로 이루어집니다. 그러나 하나님의 영이 함께하지 않는 상태에서 우리가 무언가 선언을 해버렸을 경우에 그 선언은 썩은 냄새만 풍기고 맙니다.

하나님의 영이 함께 하는 자와 함께 하지 않는 자의 차이를, 그 마음을 볼까요? "게하시가 그들보다 앞서 가서 지팡이를 그 아이의 얼굴에 놓았으나 소리도 없고 듣지도 아니하는지라. 돌아와서 엘리사를 맞아 그에게 말하여 아이가 깨지 아니하였나이다 하니라"(왕하 4:31).

창조적 기도에 들어가는 사람은, 창조적 기도에 들어가는 여인들은 죽음을 담보로 해야 합니다. 영혼을 담보로 해야 합니다. 살아계신 하나님의 영과 엘리사 당신의 영을 지금 내가 담보로 하여 기도합니다. 바로 여기에서 창조적 기도의 역사가 일어나는 바탕을 제공합니다. 우리 인간 측에서 할 일은 해야 한다는 것입니다.

다시 말하면 창조적 기도가 일어날 수 있는 기도는 생명을 담보로 한 기도여야 된다는 것입니다. 생명을 담보로 한, 다시 말하면 내가 죽음을 거기에 던질 때 그 죽음의 필연적인 결과는 부활 생명입니다. 부활생명은 죽음이 있는 곳에서만 가능합니다. 부활생명은 죽음의 피를 먹고 자라고 꽃피고 열매 맺기에 하는 말입니다.

죽음을 담보로 한 창조적 기도에 들어갈 때 바로 우리의 기도는 부활생명의 역사를 일으키게 됩니다. 이것을 깊이 생각해야 합니다.

31절에 가면 게하시가 아이 얼굴에다 지팡이를 놔도 안되니까 엘리사가 저만큼 오는 자리에 쫓아가서 뭐라고 합니까? "선생님이 시

키는 대로 지팡이를 갖다 놨는데도 꼼짝도 안 합니다. 그 지팡이를
아이 얼굴 위에 놨으나 소리도 없고 듣는 모양도 없고 아이가 깨어나
지 않습니다."

　다시 말을 하면 창조의 역사가 그곳에 없다는 것입니다. 물건에
창조의 역사가 있는 것이 아닙니다. 내가 가지고 있는 은사나 능력에
창조의 역사가 있는 것이 아닙니다. 그것은 내가 할 수 있는 쥐꼬리
만한 조그만 능력일 뿐입니다.

부활 생명의 능력을 갖는 나비기도

하나님의 창조적 기도의 역사는 내가 가지고 있는 것이 아니고 하나님께서 새롭게 주시는 것입니다. 어머니들이 매일 아침, 매일 저녁 밥을 새로 합니다. 그럴 것 없이 일주일 먹을 것 밥그릇에 담아서 냉동실에 보관해 놨다가 꺼내 먹으라고 그러면 될 텐데 그렇게 하지 않는 이유가 뭡니까? 하나님은 게으른 여인처럼 그렇게 하라고 하지 않습니다. 매 순간마다 새롭게 만든 밥을 먹이라고 합니다. 치료의 방법이 다르다는 것입니다. 하나님께서 우리에게 임하시는 그 형태가 하나님께서 가장 기뻐하고 좋아하시는 그런 방법으로 이루어집니다.

창조적 기도는 어떤 면에서는 표현하기에 좀 난해합니다. 그것을 저는 '나비기도'라고 표현을 합니다. 방바닥에 기어 다니는 벌레들 있지요? 자기 힘으로 열심히 기어 다니는 그 벌레 앞에 화이트보드가 앞에 있다고 하면 벌레가 올라갔다 주르륵 미끄러져 내려오고, 올라갔다가 주르륵 내려오기를 하루 종일 할 것입니다. 또 일주일 내내 하다가 결국은 지치고 뚝 떨어져서 이젠 안되겠네, 그럴 것입니다. 그런데 이런 화이트보드가 놓여있다고 할 때 나비는 어떻게 할까요? 훌쩍 넘어버려요. 화이트보드만 넘어가는 것이 아니라 집도 휙 넘어갑니다. 또 언덕이 있으면 그 언덕도 휙 넘어갑니다. 산이 하나 있다면 산도 넘어갑니다. 이것이 벌레기도와 나비기도의 차이입니다.

내 힘으로, 인간의 힘으로 하루 종일, 일주일, 한 달, 일 년, 오르락내리락 이렇게 밥 먹고 기도하고, 안 먹고 기도하고, 잠도 안자고 아무리 애쓸지라도 벌레 기도는, 그 자리에 다시 굴러 떨어집니다. 그러나 창조적인 기도, 하나님의 영의 기도는 나비처럼 훨훨 날아갑니다. 어떤 장애물에도 방해를 받지 않습니다. 그러기에 나비기도가 무엇인지 그것만 꿈꾼다면 우리가 가지고 있는 이 벌레기도를 즉시 놓게 될 것입니다.

"기도 자리에 처음 들어간 사람은 기도도 제대로 못하는데 나는 기도의 베테랑이야. 10년, 20년, 30년, 방언, 통변, 예언, 환상, 무엇이든지 나는 참 잘한다." 고 합니다. 그러나 제 아무리 큰 벌레라 할지라도 역시 벌레는 벌레입니다. 오르락내리락 기어 다니다가 끝나는 것입니다. 작은 벌레나 큰 벌레나 매 한가지입니다. 그래서 제가 제발 그것 좀 놓으라고, 하나님의 역사가 펼쳐지도록 죽음을 기도의 자리에 펼쳐 놓으라고, 그때 하나님께서는 내 죽음의 기도의 자리에 부활 생명으로 역사를 하신다고 이렇게 강조하는 것입니다.

엘리사가 여호와께 기도를 할 때 창조적 기도를 한 것입니다. 놀라운 역사가 일어납니다. 죽었던 아이가 살아납니다. 죽은 자의 입에, 코에 손을 댄다는 것은 죽음을 함께 한다는 것입니다. 그리고 부활하는 것입니다.

부활생명일 때 그것은 우리의 생명만을 구하는 것이 아니라 환경까지도 치료합니다. 병든 자를 치료합니다. 귀신들린 자를 치료합니다. 절망의 죽을병에 누워 있는 자를 치료합니다. 어둠에 있는 자를 빛으로 이끌어 냅니다. 묶인 자를 풀어 자유케 합니다.

그것이 바로 부활생명이라는 것입니다. 창조적 기도는 부활생명의 능력을 가집니다. 우리는 부활생명의 역사에 동참하는 자들이 되어야 합니다. 창조적 기도를 열망하는 자들이 되어야 합니다. 필연코 창조적 기도를 이루는 자들이 되어야 합니다.

제6장

영적 성숙과 하나님의 때

천하에 범사가 기한이 있고 모든 목적이 이룰 때가 있나니 날 때가 있고 죽을 때가 있으며 심을 때가 있고 심은 것을 뽑을 때가 있으며 죽일 때가 있고 치료 시킬 때가 있으며 헐 때가 있고 세울 때가 있으며 울 때가 있고 웃을 때가 있으며 슬퍼할 때가 있고 춤출 때가 있으며 돌을 던져 버릴 때가 있고 돌을 거둘 때가 있으며 안을 때가 있고 안는 일을 멀리 할 때가 있으며 찾을 때가 있고 잃을 때가 있으며 지킬 때가 있고 버릴 때가 있으며 찢을 때가 있고 꿰맬 때가 있으며 잠잠할 때가 있고 말할 때가 있으며 사랑할 때가 있고 미워할 때가 있으며 전쟁할 때가 있고 평화할 때가 있느니라 (전3:1~8)

기도의 목적과 때

교인들이 각종 헌금을 드리는데 목사님들은 헌금바구니를 들고 어떤 기도를 드립니까? 축복기도를 합니까? 대부분 축복기도를 합니다. 성도들의 헌금은, 성도들이 드리는 예물은 밥솥에 들어가 있는 쌀과 같습니다.

불 안 때고 밥솥 뚜껑 열고 기도 하시겠습니까? 아니면 아래에다가 불을 때시겠습니까? 헌금봉투라는 그 밥솥의 뚜껑에 손을 얹고 기도를 하시면서 그것이 타도록 그 예물이 태워지도록 여러분이 불을 땝니까? 바로 그것이 창조적 기도입니다.

창조적 기도는 불 때는 기도입니다. 활활 타오르는 생명기도입니다. 우리는 하나님께서 그들에게 준 기회를 말살하지 말아야 합니다. 그들이 하나님께 예물을 드리는 것은 동전 한 닢이든 1억 짜리 수표든 그것은 그들의 씨를 뿌리는 순간입니다. 하나님이 그들에게 준 축복의 순간입니다. 그 축복의 순간을 어떻게 합니까? 불을 땝니까? 안 땝니까? 깊이깊이 생각해 보십시오.

우리를 향한 하나님의 바라심은 무엇일까요? 금년에는 좋은 기후를 주어서 풍년을 약속한다고 할 때 그 복된 소식을 들은 농부가 방 안에 앉아 있겠습니까? 풍년을 약속하신 그 하나님의 말씀을 믿고 광으로 가서 씨앗을 꺼내서 소금물에 담그고 논에 뿌릴 준비를 하지 않겠습니까?

하나님께서 풍년을 약속했으니까 하나님께서 우리 성도들을 축복하기로 약속했으니까 축복하시기로 한 하나님은 틀림없이 약속을 지키시는 분이시니까, 실언하지 않으시는 분이시고 그 분은 미쁘신 분이시니까, 신실하신 분이시니까 축복해 주실 것이라고 그렇게 믿고 계십니까?

기상예보가 금년에는 풍년을 약속합니다. 어느 예언가가 "금년에는 당신에게 풍년이 예약됩니다." 그랬을 경우에 그 풍년을 앉아서 기다리라고 하겠습니까? 아니면 풍년이 되도록 노력을 하라고 하겠습니까?

창조적 기도는 앉아서 기다리는 기도가 아닙니다. 가서 행하라고 해야 합니다. 일어나서 땀과 피의 결정체를 만들라고, 가서 결론을 내라고 하는 것입니다. 그것이 바로 창조적 기도입니다.

전도서 3장에 지혜로서 충고합니다. 만사에는 때가 있습니다. 웃을 때가 있고 울 때가 있고, 심을 때가 있고 거둘 때가 있고, 또 만날 때가 있고 헤어질 때가 있습니다. 우리는 때를 봅니다. 그러나 때만이 아닙니다. 때 그 뒤에 목적이 있다고 그랬습니다. 기도의 목적이 뭔가를 우리는 알아야 합니다.

기도의 목적이 제시된 기도의 자리를 찾아야 되지 않겠습니까? 때와 목적, 목적과 때 이 둘은 마차의 두 바퀴처럼 같이 물고 돌아가야 합니다. 만사에 때가 있다고 해서 심고 거두기만 하면 된다는 것이 아닙니다. 그 사이의 과정은 싹 빼버렸지요. 어떤 과정이 빠졌습니까? 씨앗을 준비하는 과정도 빠졌고 심는 과정도 빠졌습니다. 소로 밭이랑을 가는 과정도 빠졌고요. 논밭을 갈아서 그 안에 있는 나뭇조각, 쇳조각, 돌조각, 비닐 조각들을 빼는 과정도 다 빠졌습니다.

거름을 주는 과정도 빠졌고, 가뭄이 오면 물을 주는 과정도 빠졌습니다. 홍수가 날 때를 대비하여 둑을 쌓는 과정도 빠졌고, 벌레가 생기게 되면 벌레를 잡아 주는 과정도 빠졌습니다. 도둑이 오게 될 경우를 위해 야경을 하는 과정도 빠졌습니다. 가만히 생각을 해보십시오.

우리는 과정을 빼고 처음과 결과만 가지고 그냥 심을 때가 있고 거두려고 할 때가 있습니다. 어떡하자는 것입니까? 심을 때가 있고 거둘 때가 있습니다. 그 과정에 따라서 그는 쭉정이를 거둘 수도 있고 알곡을 거둘 수도 있습니다.

100% 온전한 씨앗일 때는 100% 온전한 수확을 약속하지요. 씨앗은 거짓말 하지 않습니다.

볍씨를 못자리판에 뿌립니다. 100% 온전한 씨앗을 어떻게 찾아냅니까? 소금물에서 100% 온전한 씨앗을 찾아냅니다.

볍씨를 갖다가 소금물에 담급니다. 그럼 가벼운 건 뜨게 되어 있습니다. 농부의 지혜를 우리도 배워야 됩니다. 물위에 뜨는 볍씨는 내용이 충실치 못한 씨앗입니다. 씨앗이 충실치 못하면 새싹도 튼튼하게 자랄 수 없습니다. 좋은 수확을 기대할 수 없습니다.

내가 오늘 뿌리는 이 설교가 100% 완전한 씨앗인가 아니면 70%인가, 50%인가, 아니면 30%인가 소금물에 띄워 봐야 돼요.

오늘 설교의 음식을 풀어갈 때 성도들이 100% 받아들이더라도 그가 소화할 수 있는 능력은 50%에 불과합니다. 그래서 100% 소화할 수 있도록 양육해야 합니다. 우리 성도들이 기도할 때 창조적인 기도를 할 수 있도록 우리가 만들어줘야 하지 않겠습니까?

하나님의 축복을 끌어오는 기도

우리 성도들이 매주일 예배를 드릴 때마다, 또는 기도회 때마다 예물을 드립니다.

그 봉투 보면 여러분 어때요? 눈물 나지 않습니까? 가슴을 쥐어뜯고 싶지 않습니까? 안 그래요? 통곡하고 싶지 않은가요?

성도들이 먹을 것 먹지 않고, 저들이 자식에게 이것 주었으면 자식이 그만큼 기뻐하고, 남편에게 이것을 주었으면 그만큼 좋아하고, 아내에게 옷 하나 사주면 그만큼 좋아할 텐데 하나님을 사랑하는 마음으로 그 헌금을 드립니다.

교회와 목사를 기뻐하는 마음으로 그 모두를 믿고 헌금을 드립니다. 그들의 믿음과 감사에 대해서 여러분은 어떻게 합니까? 어떤 기도를 합니까? 어떤 창조의 능력을 그 예물 기도에 실어갑니까?

"하나님 보십시오. 저 가난한 사람들이 저들의 차비를 이곳에 드렸습니다. 저 가난한 사람들이 오늘 먹을 쌀 살 돈을 여기에 드렸습니다. 하나님 어떡하면 좋습니까? 내가 내 팔이라도 잘라서 줬으면 좋겠는데 그럴 수도 없고요. 어떡하면 좋습니까?"

이것을 이룰 분은 누구입니까? 저들의 예물을 태울 분은 누구입니까? 창조적 기도를 하는 목사는 헌금봉투를 볼 때마다 알맹이를 안 보고. 그들의 이름과 그들의 얼굴과 그들의 영을 봅니다. "하나님 어떻게 하시겠습니까? 내게 맡겨주신 저들을 아프게 하시겠습니까? 아니면 상하게 하시겠습니까? 아니면 거름 무더기에 계속 앉게 하시겠습니까? 아니면 저들을 가난의 자리에서 일으켜 세우시겠습니까? 어떡하시겠습니까?" 교인들 앞이라 울지도 못하고 땅도 치지 못하지요. 하나님 앞에 그렇게 기도할 때 그의 기도가 어떻게 될까요? 하나님 마음을 움직일까요? 움직이지 못할까요? 그 기도는 하늘의 축복을 이 땅에 쏟아지게 합니다. 이것이 창조적 기도입니다.

만사에는 때가 있다는 말이 바로 헌금봉투를 볼 때마다 여러분이 하나님께서 바로 이 때 이 사람을 축복해 주시는구나. 이 사람에게 무엇인지 모르지만 기적을 나타낼 때를 심어주라는 것이구나. 바로 그런 것이 아니겠습니까?

헌금기도는 극히 적은 예에 불과합니다. 그들이 교회에 오는데 저들이 왜 와요? 뭘 믿고 옵니까? 무엇 때문에 옵니까? 그것을 볼 때마다 그냥 속이 터지는 것이 저들에게 무엇을 주어서 보낼까? 저들이 왜 기도하러 왔는가? 저들이 왜 찬송을 하러 오는가? 그들의 걸음이 이곳에 올 때마다 메어지는 가슴을 안고 "주님 저들 어떡합니까? 저는 저들에게 해줄 수 있는 것이 없습니다. 그들에게 주께서 성소를 주셔서 찾아온 것이니 찾아온 그들에게 주님 어떡하시겠습니까? 만나주실 것인가요? 그들의 기도를 들어주실 것인가요? 그들에게 어떻게 기도하라고 해야겠습니까?” 그것을 성직자들은 뼈가 녹아질 듯이 고민하며 그들과 하나 될 때 그들에게 등허리 쳐주지 않아도, 우리 목사님이 날 위해 기도하고 우리 목사님 날 보고 내 마음보고 저러는구나. 그렇게 될 때 그 때부터 그들의 육신의 껍데기, 이성의 깡치뼈는 서서히 벗겨지고 무너지기 시작합니다.

그들 속에 있는 이성의 교만과 오만과 계산과 지혜와 지식 그런 것들 다 녹아내리게 되지요. 그러고 난 다음에는 그분께서 주신 영이 살아 남게 되지요. 영끼리 부딪치는 그 자리에 불꽃 튀는 역사가 일어날까요? 일어나지 않을까요?

육적으로 목사님의 말을 듣거나 기도를 들을 때 “왜 이왕이면 백배라고 그러지 말고 천배 만배 라고 그러지. 너무 통이 좁아!” 그럽니까? 안 그럽니까? 이왕이면 기도할 때 무식하게 하지 말고 좀 더 아름답고 고상하고 좀 더 예술적인 표현들을 하지. 무식하게 초등학교 나온 것처럼 기도를 한다고 목사님이 하는 기도마다 평가를 하겠지요?

그러나 영적으로 저 목사님이 진정으로 영으로 기도하는지 아닌지 그것을 보게되면 그는 의자에 앉아 있을 수도 없겠지요. 목사가 서서 기도할 때 그가 그 자리에 앉아서 그 기도를 받을까요? “목사님이 기도하는 자리에, 나를 위해 기도하는 자리에 내가 어떻게 의자에 앉아서 기도를 드려. 하나님께 내가 예물을 드리고 기도하고 소원을 드리는데 어떻게 의자에 앉아서 기도를 드려? 아니야.” 하며 후닥닥 내려와서 바닥에 꿇어앉아서 기도하지 않을까요?

그러한 역사가 그러한 일들이 우리 개신교에 일어나지 않는 한 우리 개신교의 부흥이, 흥왕이, 왕성이 어려운 일입니다. 하지만 안된다는 것이 아닙니다. 될 수 있는 하나님의 방법이 있습니다. 될 수 있습니다. 그러나 잘못하여 인간의 방법을 동원합니다. 그 되어지는 것들이 모두 사탄의 잔치자리가 될 수 있는 가능성이 있습니다. 거기서 우리는 어떻게 벗어날 것입니까?

"축복해주마. 네가 해달라는 대로 내가 축복해 주마. 그런데 축복을 대신 빌어줄 너를 보니까 아니야, 아직도 내가 끼어들 시간이 아니야." 하시면 그 성도는 어떻게 됩니까? 나 때문에 하나님의 때를 그가 놓치게 됩니다.

그 성직자가 그 신도에게 필요한 존재입니까? 아닙니까? 차라리 없는 게 더 낫지요.

당신 비키고 차라리 하나님하고 나하고 직접하게 해 줘. 그런 말을, 그런 생각을 가지지 않겠습니까? 어설픈 기도하지 마십시오. 불 때라고 했더니 가스에 불을 올리지도 않고 밥솥 뚜껑 위에다 제 아무리 손을 얹어 놓고 누르고 또 눌러봐요. 열 번, 스무 번 누르고 눌러봐요.

밥이 되나 안되나? 하나님의 축복을 그가 끌어올 수 있는가 없는가? 밥솥 밑에 가스 불이 타지 않으면 안 됩니다.

하나님의 때와 인간의 때

창조적 기도라는 것은 하나님을 움직이게 하는 것입니다. 앉아계신 하나님을 "일어서십시오." 하는 그런 기도입니다. 하나님을 일어서게 하는 그 기도, 하나님이 어떻게 일어나십니까?

쉬운 예를 든다면 초가을에 날이 좀 서늘하잖아요. 아침, 저녁으로는 날이 좀 춥습니다. 그 때 시아버지가 며느리에게 말을 합니다. "애야, 아침 저녁으로 방이 좀 서늘해. 불 좀 때라." 그러면 조금 불 때주죠. 그럼 적당히 방이 따뜻해집니다. 날이 조금씩 더 추워집니다. 그러면 불길이 조금씩 조금씩 더 강하게 됩니다. 아주 추운 겨울입니다. 우리 시아버지 추울까봐 장작불을 아주 많이 땝니다. 방이 뜨겁습니다. 그러면 시아버지가 어떻게 합니까? 이불을 차버리고, 조금 더 버티다가 뜨거워 안되겠다 하고 마루로 나옵니다.

우리가 드리는 기도에 "어이 뜨거워 안되겠네, 이제 일어나야겠네.” 하나님을 일으켜 세우는 기도가 되어야 합니다. 하나님이 방에 누워 계시지 않게 해야 합니다. 뜨거워서 안되겠네, 이제 일어나야겠구나 하고 하나님이 밖으로 나오시게 해서 문 밖에서 기도하는 자녀들의 기도를 보게 하십시오. 그렇게 되면 어떤 결과가 오겠습니까?

문 밖에 나오신 하나님이 추운데서 오들오들 떨며 기도하고 있는 목사들, 성도를 보시고 “이제 됐어. 방에 들어와.” 그러시지 않을까요? 너희들이 하고 싶은 것이 뭐가 있지? 애로사항 뭐가 있지? 뭘 원하느냐? 하시며 하나하나 들어주시지 않을까요? 하나님 만났을 때 그들의 모든 것이 다 해결이 됩니다.

때와 관련하여 전도서 3장을 더 묵상해 봅시다. 하나님 그 분이 우리의 기도를 다 들어주시고 다 해결해 줄지라도 하나님의 때가 있다고 말씀하십니다.

아무리 봄철에 볍씨를 정성스럽게 뿌릴지라도 그 다음 날에 싹이 나고 다음 날에 벼꽃이 피고 그 다음 날에 알곡이 맺히고 그런 기대를 우리는 기도의 자리에 할 수가 있습니다. 그럴 때마다 하나님이 “야! 지혜를 좀 가져라. 지식을 좀 가져라.”고 하십니다. 자연세계를 보고 배우라고 하십니다.

우리는 영성의 자리에 신실한 사람들이 들어오기를 원합니다. 하나님의 기도의 자리에 사랑하는 사람들이 들어오기를 원합니다. 그런데 그들에게 두 가지 때가 있다는 것을 가르쳐야 합니다. 바로 하나님의 때와 인간의 때입니다.

그래야 그들이 실망하지 않습니다. “목사님이 당장 된다고 그랬잖아요?” 이렇게 되면 목사님들이 거짓말쟁이가 되고 맙니다. 아무리 쓰리고 아플지라도 수술해야 할 암 환자는 칼을 대야 합니다. 수술의 과정을 통과해야 합니다. 그 후에 완치가 되는 것입니다.

"아파서 어떡해요. 나는 배 못 째요. 나는 병원에 입원 못해요. 나는 돈이 없어 입원을 못해요. 나는 수술하는 게 겁이 나서 못해요." 그런 사정 다 듣다 보면 제일 좋은 게 뭐지요? 소화제 주고 그 다음에 시원하게 뭐 발라주고 그냥 가라고 그러는 수밖에 없습니다. 그 외는 다른 방법은 전혀 없습니다. 그것이 아니고 암이 걸린 환자를 살리겠다면 그 성직자는 어떻게 해야 할까요? 억지로 끌어다가 침대에 묶어 두고 수술하기 전에 씻겨서 깨끗하게 하고, 그렇게 해서 의사에게 수술하라고 그러겠지요?. 목사들이 수술은 못 할테니까요. 의사들한테 맡깁니다. 째고 암 덩어리를 거둬냅니다. 그 순간에 성직자들은 무엇을 하겠습니까? 먼 데 갑니다. 어디 가요? 하나님의 종 모세 일 하러 가는 것입니다. 그렇지요? 의사인 여호수아는 들판에서 암병하고 칼 가지고 싸움을 합니다. 얼마 만큼 잘라야 되는가? 어디까지 퍼져있는가? 그걸 보게 되어 있지요. 그러나 모세는 여호수아에게 "너는 이 땅에서 싸움하고 나는 간다." 어디로 간다고요? 산꼭대기로 간다고 했습니다. 산꼭대기로 간다는 것이 무엇을 말합니까?

기도의 방해가 없는 곳으로 간다는 것입니다.

제일 높은 산으로 올라가면 하늘과 가까워서 하나님이 더 잘 듣는다는 그런 표현이 아닙니다. 산으로 간다는 것은, 산꼭대기로 간다는 것은 아래 있으면 기도를 방해하게 되는 잡다한 것들이 많이 있으니까, 어둠의 세력들이 많이 있으니까 그들을 떠나서 기도에 방해가 안

되는 곳으로 간다는 것입니다.

우리는 창조적 기도를 하면서 예수님의 아름다운 기도의 모범들을 하늘 지혜로 알게 됩니다.

예수님의 기도 패턴이 어떠했습니까? 일반적인 치료하는 사역이거나 그냥 말씀 선포하는 사역이거나 평상시 기도하는 자리에서는 예수님과 12제자가 어느 누구도 빠짐없이 똑같이 동행을 했습니다.

그러나 어떤 결정적인 사건, 보다 더 하나님 앞에 진지하게 다가가야 할 곳, 기도의 어떤 방해가 없어야 되겠다고 할 때 그때에는 예수님이 어떻게 하셨나요? 12명 다 데리고 갔습니까? 아니면 동역자만 데리고 갔습니까? 예수님의 기도에 좀 더 가까이 갈 수 있는 제자를 추려서 데리고 갔습니다. 여기서 예수님의 기도 패턴을 보게 됩니다. 모세가 기도하는 자리에 어떻게 했지요? 족장들 다 안 데리고 갔습니다. 기도에 도움이 될 만한 사람을 추려서 갔습니다. 아론과 훌, 두 사람만 동행했습니다.

우리가 교회에서 기도의 자리에 들어갈 때도 기도의 동역자가 누구인가 봐야 합니다. 그래서 진지한 문제는 그들과 더불어 따로 기도를 하고, 그 외에 일반적인 기도를 할 때는 동역자를 그냥 앉아 있게 하는 것이 아닙니다. 어떻게 해요? 사이사이에 앉게 합니다.

그 이유는 바로 약한 자들에게 기도의 중보가 필요함을 가르쳐 주고 기도의 자리에 앉아있는 그들에게 중보기도가 필요함을 깨우쳐 주는 것입니다.

중보 기도자는 내가 너를 위해서 기도한다 말을 하지 않습니다. 오늘 이 기도시간에 당신에게 중보가 필요하고, 오늘 당신이 하는 기도가 이렇게 안되기 때문에 내가 그것을 해준다 그렇게 말을 하지 않습니다. 보이지 않게 뒤에서 밀어줍니다. 옆에서 밀어주지요. 그것이 중보기도자의 기도하는 자세입니다.

오늘 우리가 창조적 기도 그리고 그 영성에 대해서 핵심을 함께 나눌 때, 그 때부터 영성에 대한 첫 발을 떼게 됩니다.

하나님의 때냐 인간의 때냐, 카이로스(kairos)냐 크로노스(chronos)냐, 이것을 우리 지도자들이나 영적 지도자들은 생각하고 있어야 합니다. 이것을 분간하지 못하고 그들이 바쁘다고 당장 무엇인가 해달라고 그럴 때, 동정과 인정심이 많은 성직자들은 "그래, 해주마"하고 바로 뛰어듭니다. 바로 그들과 더불어 같이 합니다. 그것이 무엇을 말합니까? 같이 죽자는 이야기입니다. 죽음의 동행 즉 동반자가 됩니다. 물에 빠진 자들의 필사적인 물귀신 작전에 말려들기 일쑤입니다.

예를 들자면 연못에 사람이 빠졌습니다. 무지한 사람과 지혜 있는 사람은 처방하는 방법이 다릅니다. 대응하는 방법이 다릅니다. 무지한 부모들은 어떻게 해요. "내 아들이 빠졌구나." 하고 옷 입은 채로 바로 뛰어 들어가 버립니다. 그러면 결과는 같이 죽게 되는 것입니다. 그러나 지혜 있는 자는, 물에 빠진 사람에 대한 교육을 받은 경험이 있는 자는 그가 물속에서 기진맥진해서 가사 상태에 빠지기를 기다립니다. 그래야만 그가 물귀신이 돼서 붙잡고 늘어지지 않으니까요. 그가 물속에서 가사상태에 빠질 때 까지 잠시 서서 밖에서 기다립니다. 그 때 물속에 빠져있는 그 사람 어떻게 할까요? 이를 갈고 그러지요? 욕을 하면서 저것들이 크리스천이냐, 저것도 목사냐고 저것도 부모냐고 저것도 형이고 저것도 동생이냐고 저것도 친구들이냐고 그래요.

가사상태가 되면, 힘이 빠져 구하러 들어간 사람을 붙잡을 힘이 없을 때 비로소 끄집어내서 인공호흡을 시킵니다. 우리 교인들이 바쁘다고 당장 해결해 달라고 그럴 때, "그래 빨리 갑시다." 하고 쫓아가서 같이 해봐요. 이와 똑같은 꼴이 됩니다.

하나님께서 우리에게 역사하실 때는 때가 있다는 것을 꼭 기억하십시오. 장소가 있습니다. 그것을 우리는 알지도 못하고 해달라니까 그냥 가서 막 해주면 되겠거니 생각하는데 하나님의 지혜는 우리 인간의 지혜하고는 다릅니다. 그래서 하나님은 때가 있다고 하셨고 만사에는 목적이 있다고 하셨습니다.

영성에 대한 하나님의 목적

때에 대해서는 너무나 잘 알기 때문에 이만하고, 창조적 기도 그리고 영성에 대한 하나님의 목적에 대해서 이야기를 엮어갈까 합니다. 여기에 사과가 있습니다. 이걸 절반으로 딱 자릅니다. 자르게 되면 씨가 나옵니다. 하나님이 창조하실 때 사과나무를 주셨습니다. 사과나무를 주고 거기에다 열매를 맺게 했습니다. 사과를 맺게 했는데 사과 절반을 쪼개 봅시다. 껍질 바로 아래 있는 이 부분을 속살이라고 합니다. 그 다음에 속살이 감싸고 있는 이 조그맣고 단단한 것을 씨라고 합니다. 그 다음 씨의 핵심이 또 하나 있지요? 씨눈입니다. 바로 이 씨눈이 사과가 되는 것입니다. 사과의 생명입니다.

여러분이 사과나무입니다. 사과나무의 목적이 뭡니까? 사과의 통째요 아니요? 통째가 전체의 목적이 될 수가 있겠지요?

사과나무의 사과가 생각이 있는 인간이라고 가정합시다. 그러면 그가 어디에다 제일 중한 목적을 둘까요? 알맹이를 보호하는 껍데기에 목적을 둘까요?

여기 사과나무가 제일 핵심을 두는 것이 무엇입니까? 껍데기에 둡니까? 아니면 우리 사람들이 먹는 속살에 핵심을 둡니까? 아니면 이 씨에 핵심을 둡니까? 아니면 씨눈에 핵심을 둡니까? 잘 보십시오. 사과나무의 중요한 핵심은 씨눈입니다. 이 씨눈은 생명을 갖고 있습니다. 다음에 이 씨앗이란 뭡니까? 씨눈이 움터서 싹이 나오도록 하는 영양 보관창고입니다. 그럼 사과나무가 씨앗을, 생명을 낳는 그 다음 순간에 무엇을 합니까? 씨앗의 갖가지 영양소를 넣을 것입니다. 그가 제일 좋다고 생각하는 영양소를 다 거기에 농축시켜서 넣겠지요? 그렇지요? 사과의 속살의 영양소는 씨앗의 영양소에 비교가 되지 않습니다. 농축되고 농축된 것, 이 사과나무가 만들 수 있는 가장 귀하고 귀한 것, 가장 기름진 것, 가장 영양밀도와 가치가 높은 그것만 조그만 씨앗에 농축하고 농축해서 집어 넣겠지요.

그리고 난 다음에 요것만 이렇게 사과나무에 매달아 놓으면 사람이 와서 따 먹을까요? 안 따먹을까요? 원숭이가 와서 따 먹을까요? 안 따먹을까요? 안 따먹기 때문에 따먹고 다른 데 가서 내 종족을 번식하기 위한 내 방편이 뭡니까? 이것을 다른 데로 운반할 수 있는 방편이 뭡니까? 바로 속살입니다. 이 속살이 사람이나 짐승들을 운반 도구로 활용하고 있는 것입니다.

원숭이가 사과를 따가지고 그 자리서 먹기도 하겠지만 손을 움켜쥐고 어디로 갈까요? 자기의 보금자리, 자기의 편한 자리, 자기가 놀기 좋은 자리에 가서 식구들끼리 먹고 즐기게 되겠지요. 바로 이 사과나무는 움직이지 못하기 때문에 움직이게 하는 수단이 속살입니다. 이 속살 때문에 원숭이가 사과를 따가는 것이지 씨앗 때문에 따가는 것이 아닙니다.

그러면 이 속살을 보호하는 방편이 뭔가요? 껍데기입니다. 운반도구로 보호할 수 있는 이 껍데기가 바로 사과의 외피가 됩니다. 이 사과의 외피가 온전하기 때문에 속살이라는 이 운반도구가 제 구실을 할 수 있다는 것입니다. 사과가 맛있을 경우에 원숭이가 또 사과 가지러 가자 그래요. 나만 가는 것이 아니라 친구들도 온 동네 마을 사람들 다 불러가지고 거기에 가자고 그럽니다. 맛있는 속살을 기억하기에 그것을 위해서 사과를 따러 가게 됩니다.

우리는 하나님의 뜻과 우리의 뜻 그리고 우리 양무리들의 뜻을 잘 파악해야 합니다.

그것이 이해가 되지 않을 경우에 무조건 사과나무의 가장 귀한 것은 씨눈이니까 씨눈만 달랑 내놓을 수 있습니다. 아니면 씨앗만 달랑 내놓을 수 있습니다. 씨앗이 가장 귀하니까 씨앗을 가져가라고 내놓는 것입니다.

우리의 기도세계나 영성세계가 폐허가 되고 비뚤어지고 무능하게 되고 목적을 이루지 못하고 허상이 되는 것은 바로 씨앗만 제시하기 때문에 그렇습니다.

은사나 능력이 있다고 스스로 자부하시는 목사님이 계셨습니다. 그가 이렇게 말하는 것을 들은 일이 있습니다. "나는 설교할 때 성경구절도 일절 생각 안하고 설교내용도 생각을 안 하고 그냥 주일에 강대상에 올라갑니다. 그러면 거기서 다 줍니다." 교회에서 목사님이

석 달만 그렇게 했다가는 목사 갈아치우자고, 저것도 목사냐고 할 것입니다. 일주일 동안 빈둥빈둥하고 뭐했냐? 그러지 않겠습니까? 이렇게 말을 하는 사람은 그만큼 뭔가 과정을 지나 왔겠지요? 지나와서 그런 말을 할 것이라 그 말입니다. 그 과정을 거치지 못한 사람들이 모양만 흉내 냈다가는 그건 쫓겨나기 딱 좋고 당하기 십상입니다. 제가 말하는 것은 설교 준비하지 말고 강대상에 오르라 말아라 또는 그렇게 흉내 내라 그것을 말하는 것이 아닙니다. 뭔가 그 안에 숨어 있는 것들이 있다 그 말입니다.

영적 성숙의 과정

창조적 기도와 영성에 대해서 우리는 과녁을 맞춥니다. 그러면 사과나무의 가장 핵심은 무엇인가요? 씨눈이고 씨눈을 감싸고 있는 영양소가 있는 씨앗이 핵심입니다. 하나님의 지혜가 어떻게 바뀌어 가는가 보십시오. 여기 씨눈과 씨앗이 하루만에 만들어집니까? 아니지요.

하나님께서는 그것을 우리에게 보여주기 위해 사과 껍질을 처음에는 파랗게 하지요. 씨눈이 씨앗이 생기는 과정 중에서는 파랗게 사과를 표시합니다. 그리고 난 다음에 안에 씨앗이 성숙해가는 속도에 따라서 사과 껍질에 빨간 색깔을 조금씩 더해갑니다.

씨앗이 익는 만큼 영양소를 안에 농축했다는 것입니다. 하나님은 완성도를 바깥으로 싸인을 보내줍니다. 사과를 보면 씨앗의 씨눈이 생겼고 그 다음에 씨눈이 자랄 수 있는 그 안에 씨앗 속에 영양소를 공급하는데 그 영양소가 농축되고 공급되는 것만큼 외피에 싸인이 달라집니다. 파랗던 사과가 빨갛게 변해가지요. 완성되는 그 농도에 따라서 안에 있는 씨앗들의 내용물이 바깥으로 싸인을 보내게 됩니다. 익어가게 되지요. 사과 전체가 빨갛게 되었다면 하나님께서 "이젠 내 목적이 다 완성됐다"고 하시는 것입니다.

사과나무가 말을 합니다. "내 목적이 완성됐다." 파랄 때는 사람들이 근접을 안했는데 사과가 빨갛게 바뀔 때 사람들이 옵니다. 사람들이 오게 되는 그 목적이 뭡니까? 이제 속살이 다 익었다는 것을 말하는 거죠. 사과나무는 이 속살을 생각도 안 합니다. 그의 핵심은 씨눈이 완전히 생명을 갖게 되고 그 다음에 그 씨눈을 움트게 하는 씨앗이 그 안에 농축된 영양소가 고단백이 그 안에 다 들어가 완성될 때까지 사과나무는 한 곳에다가 온 정성을 쏟아 기도를 합니다. 씨앗에다가 기를 쓰고 기도합니다. 거기에 모든 것을 다 보내고 그 다음에는 사과에게 속살로 가겠지요.

씨앗이 안에 영양소가 100% 찰 때까지 사과 껍질 색깔은 점점 바뀝니다. 씨앗 농축 영양이 70%면 색깔이 70% 바뀝니다. 90%이면 90% 바뀌어 갑니다. 바로 이게 사과의 외피 색깔이 바뀌어가는 것만큼 안에 있는 씨앗들의 완성도가 거기에 나타나더라 그 말입니다.

저는 식물학자가 아닙니다. 그러나 성경을 보면서 하나님이 주신 자연 속에서 어떻게 하나님의 뜻을 읽어 갈 것인가? 하다가 과일나무를 보게 된 것입니다. 처음에는 푸르던 것이 왜 저렇게 바뀌어 가는가? 하나님이 저 안에 자신의 뜻을 이루어 가는구나, 하는 것을 보게 되는 것입니다.

사과 외피의 색깔이 붉어지면 붉어질수록 안에 씨앗은 '이제 다 됐다, 준비 완료다, 언제든지 따가라'고 합니다. 어느 곳에 떨어지든지 나는 내 생명을 움트게 할 수 있다. 바로 그것입니다.

그런데 창조적 기도를 할 때 우리는 기도의 외형이 어느 정도의 크기만 되면 우리의 기도가 다 완성이 된다고 서둘러서 지레 짐작하는데 크기 가지고 우리의 기도가 완성되는 것이 아닙니다.

우리 중 누가 떫은 사과 한 두 번 맛 본 사람은 다음에 사과나무에 올까요? 안 오지요. 먹으면 단물이 있고 새콤하여 맛이 좋고 향기가 있을 때 사람들은 계속해서 오게 됩니다.

하나님께서 그것을 너무나 잘 알고 계십니다. 그래서 우리 사랑하는 성직자들이 영의 성숙을 어느 자리까지 이끌어 갈 것인가? 그것을 한 알의 사과를 통해서 우리에게 교훈하십니다.

외형만 클 때는 그것이 큰 것처럼 기고만장하고 뛰고 자랑하게 됩니다. 그러나 외형 가지고는 안 됩니다. 왜 안되는가 하면 씨앗들이 외형만 갖추어져 있다는 것입니다. 그 안에 충실한 영양소가 없기 때문에 그 씨앗이 어느 다른 곳에 가든지 심겨지면 그것은 곧 죽어버리게 된다는 말입니다. 어설픈 씨앗은 썩어버립니다.

우리가 기도의 자리에서 기도가 성숙되어 갈 때 크기만 있고 안에 내용물인 씨앗이 충실히 채워지지 않는 한 우리의 기도는 그 순간에 크기만 모형으로 보이지 그 외에는 하나도 안 보이게 됩니다.

그래서 기도의 성숙도는 이 안에 씨앗이 얼마만큼 충실한가에 달려있습니다. 그래서 하나님의 때에 우리가 심겨져 풍성한 열매를 맺으려면 우리의 기도가 얼마만큼 성숙되어 있는지 그 바로미터를 체

크하는 지혜 있는 기도 인도자나 멘토들이 우리 주위에 필요합니다. 이러한 지혜 있는 멘토들이 주위에 없을 때 우리의 영성은 방향을 잃고 표류하는 배와 같게 됩니다.

이 바람 불면 이쪽으로 가고 저 바람 불면 저쪽으로 가고, 그렇게 표류하며 우왕좌왕 하게 되고 잘못된 흐름에 이끌려가는 어떤 부류들과 같은 배를 탈 수 있는 가능성이 있기에 그런 것들을 조심해야 합니다.

우리가 기도와 영적성숙을 추구하는 목적이 무엇인지 하나님의 목적이 무엇인지를 우리는 하나님의 말씀에서 찾게됩니다.

가라, 생명을 구하라고. 내가 원하는 것은 육의 사역이 아니고 내가 원하는 것은 지식, 지능, 예술 이런 과학의 사역이나 예술적인 사역이나 혼적인 사역이 아니라고, 내가 원하는 것은 영적인 사역이라고. 로마서 12장이 바로 그 말씀입니다. 그것은 바로 살아 있는 생명 기도요, 생기 있는 영적예배입니다.

내가 원하는 예배는 육적인 예배가 아니고 혼적인 예배가 아니고 감성과 감동과 과학과 예술과 뭐 그런 예배가 아니고 영으로 드리는 예배라고, 그것을 나는 원하고, 지금도 그런 예배를 드리는 자를 찾고 계시다는 말씀입니다.

바로 우리들을 찾아서 하나님께서 그 말씀을 하시고 앞으로도 우리들에게 계속 들려주실 것입니다. 영적인 예배를 드리고, 영적인 기도를 하고, 영적인 찬양을 하고, 영적인 선포를 하고, 영적인 사역을 하라고 하십니다. 그것은 인간의 지식, 지혜, 경험, 체험 그것 가지고는 도저히 불가능합니다. 우리는 질문을 계속 던져야 됩니다.

"그래서 어떻다는 말인가요? 그래서 어떻게 하라는 말인가요?"

계속해서 질문을 던지는 곳에 우리는 답을 찾을 수가 있습니다. 쉼 없는 창조만이, 끝없는 창조, 단절됨이 없는 창조만이 온전한 생명으로 살 수 있고 그 생명을 영원히 보존할 수 있는 것입니다. 그것은 살아있는 기도에서만 가능하고 그 기도는 하나님의 생기를 사방으로부터 불러들이는 것입니다.

생기가 있는 곳에 생명이 다시 살아납니다. 새로운 역사를 창조하는 것이 바로 창조적 기도입니다. 창조적 기도는 생명에서 생명의 창조를 하나님의 은총으로 가능케 합니다.

제7장

새 역사 창조의 힘

주께서 내 장부를 지으시며 나의 모태에서 나를 조직하셨나이다 내가 주께 감사하옴은 나를 지으심이 신묘막측하심이라 주의 행사가 기이함을 내 영혼이 잘 아나이다(시139:13~14)

창조적 기도와 영적 세계

제가 다시 젊어져서 교육책임자로 사역한다면 저는 히브리식 교육을 하고 싶습니다. 길만 가르쳐 주고 대답은 숨겨버릴 것입니다. 대답을 주게 되면 목적을 얻었으니 그 힘든 수련의 길을 갈 이유가 없지요. 그곳에 해답이 있으니 가보라고 하면 무엇인지 그것을 찾기 위해 갈 것이고 가는 도중에 그것을 이해하게 될 것이고 결국은 당신이 그 해답을 얻을 것이라고 하고 싶습니다.

우리 교육이 실패한 원인 중에 하나는 머리 싸매고 해산의 고통을 하는 수고는 안하고 사랑한다는 인간의 얄팍한 정 때문에 어리석게 즉석 해답을 준다는 것입니다.

하나님께서 예수님을 이 땅에 보내시면서 하나님과 예수님 사이에는 하늘과 이 땅에서 실천할 프로그램이 미리 짜여져 있었습니다. 3년을 사역하고 그 전에 30년 동안 이 세상에서 사람들과 더불어 자고 먹고 마시고 뒹굴고 익히고 하는 과정을 갖기로 했습니다. 그들이 못질 하면 못질 하고, 대패질 하면 대패질 하고, 그들이 톱질 하면 톱질 하고, 그들이 밥을 주면 밥을 같이 먹고, 세수하는 시간에는 세수하고, 그들과 같이 화장실 가고, 그들이 하는 것을 30년 한다고 했습니다. 하나님의 교육방법이 그 정도 밖에는 안 될까요? 결코 그렇지 않습니다.

정말 예수님이 무능해서 30년 배우고 3년 사역 하라고 했을까요?

절대로 그런 것이 아니라는 것을 모르는 사람은 없을 것입니다. 예수님은 바로 우리의 교과서입니다.

그런데 우리는 착각을 많이 합니다. 우리들은 아기들을 낳으면 젖꼭지 물려주는 것은 알면서 영적으로 아기가 탄생되면 젖꼭지 안 물려주고 뭘 줍니까? 바로 커다란 쇠고기와 날카로운 칼을 줍니다. 사울 왕이 골리앗과 싸우러 가는 다윗에게 자기 몸에 맞지 않는 큰 갑옷을 입혀주고 그 다음에 양 손에는 뭘 줍니까? 한 손에는 칼을 주고 한 손에는 창을 줍니다.

영적 생명도 육적 생명과 똑같은 과정이 있고 그 과정을 빠짐없이 통과해야 합니다. 여러분이 지금까지 사역해 온 것이 육의 세계와의 싸움이었다면, 육의 세계에 여러분은 잠길 수 있습니다. 여러분이 지금까지 사역을 하신 것이 혼 즉 인간의 지·정·의에 관련된 세계였다면 여러분은 혼의 사역에 머무를 수도 있습니다.

그러나 여러분의 사역의 방향이 바뀌고 영적인 사역을 시작한다면 지금 여러분은 하나님의 젖꼭지에 여러분의 입을 대야 합니다. 이제 갓 태어난 한 살짜리입니다. 그런데 우리는 늘 착각을 합니다. 영으로 한 살짜리가 내가 육체로는 50을 넘었고, 내가 이성, 인격, 지성으로 50이 넘었으니 나는 영적인 나이도 50이 넘었다고 허황된 생각을 하지요. 이것을 깨뜨려야 합니다. 내가 지금까지 기도해 온 것이, 신학교 다닐 때인 20살 때부터라고 칩시다. 내가 20살부터 35년을 기도해 왔습니다. 기도한 것을 나이로 치면 정상적인 성인입니다. 그러면서 그는 영의 세계와 혼의 세계와 육의 세계를 마음껏 드나드는 것처럼 그렇게 착각을 하지요.

제가 침묵의 기도세계에서 10년 이상 기도굴에서 세상과 등진 채 생활한 사람과 한동안 같이 지낸 일이 있었습니다. 그런데 기도하는 것을 보니까 이건 1년 기도 했느냐고 물어 볼 정도였습니다. 그 이유는 기도는 생명이 살아서 숨 쉬는 것인데 그 사람의 기도는 생명은 온데 간데 없고 주술만 쫙 지나가기 때문입니다. 주문만 외우고 다닙니다.

아프리카에서 어느 미개한 부족의 추장 노릇은 할 수 있겠지만 현재 열려진 영의 세계에서는 주술적인 기도는 죽음과 같은 것입니다. 그래서 "당신의 기도 깨뜨리십시오." 그랬더니 그 사람은 "내가 얼마나 수도하고 얼마나 기도 했는지 모릅니다. 하루 열 몇 시간씩 말씀 묵상하며 그렇게 살았는데요. 내 기도 쫙 다 통합니다." 이렇게 말하는 것입니다. 그래서 제가 그에게 쓸데없는 소리 말고 싹 깨뜨려 버리라고 하니까 저보고 미쳤다고 합니다.

"당신은 세상살이 하면서 기도했고, 나는 세상살이 안하고 이렇게 기도만 하는 사람인데 오히려 내가 당신한테 할 말이요" 라고 반문합니다. 하지만 기도는 얼마나 했느냐가 문제가 아니고, 어떤 기도를 어떻게 하였느냐가 문제입니다.

이 책의 주제는 창조적 기도와 영적 세계입니다. 기도의 자리는 생명이 숨을 쉬는 것입니다. 이 기도의 자리에 영이 숨을 안 쉰다면 그건 죽음의 잔치입니다. 기도의 자리는 영이 숨을 쉬고, 두 날개를 치고 하나님 그분과 맞부딪치는 순간인 것입니다. 그래서 그 사람에게 이렇게 말을 했습니다. "기도의 자리는 삶과 죽음의 심판대이고, 기도의 자리에서 내가 살 수 있을 것인지 기도하고 죽을 것인지, 그것은 기도하는 순간에 결판이 난다. 당신은 될 수 있으면 기도의 자리에 들어오지 마시오. 기도의 자리에 들어올 때마다 당신은 죽게 될 테니까."

창조적 기도와 영성의 세계에 관한 예화입니다. 병아리가 며칠 만에 나옵니까? 암탉이 알 12개를 날개 밑에 품습니다. 계란 12개를 가슴에 품습니다. 암탉이 품는 계란에 유정란이 6개이고 무정란이 6개 있습니다. 자 어떻게 되겠습니까? 하루가 지납니다. 일주일이 지났습니다. 자, 열흘이 지났습니다. 유정란에 어떤 일이 일어납니까? 생명이 살아서 형체를 더 크고, 더 온전하게 순간순간마다 계란에서 병아리로 변화되겠지요.

기도의 자리에서 무정란은 어떤 일이 일어납니까? 그 안에 살아있던 내용물이 어떻게 되지요? 아무리 싱싱했던 계란이라도 어미 닭에게 안긴 순간부터 썩는 과정을 밟게 되는 것입니다.

기도의 자리가 어떤 자리입니까? 하나님의 생명이 있는 기도의 자리입니다.

생명이 펄펄 뛰면서 그 세포가 늘어나고 재 생성되면서 부족한 부분을 채워가지요. 생명이 있는 그 계란은 어미 닭의 품속에서 어미가 품어 주는 그 안에서 계속 온갖 조직적인 것이 신묘막측 하게 그 안에서 계속 성장하고 성숙해 가는 변화를 계속해 갑니다. 열하루 가면 그만큼 더해가고요. 스무날이 되면 내일 알을 깨뜨리고 나간다 그렇게 생각을 하지요. 그런데 무정란은 스무 날째 어떻게 될까요?

안에 내용물이 썩고 썩어서 껍데기도 더 지탱을 못합니다. 스무하루 지나고 어미가 한 바퀴 돌아봅니다. 계란 밑에 발가락으로 축축하게 썩어가고 있습니다. 그 순간에 여섯 마리의 병아리가 나오고 무정란에서는 그 부활의 자리를 악취가 나는 시체물들로 죽음으로 오염시켜 버립니다. 생명의 자리를 시체 썩는 죽음의 자리로 만듭니다.

우리가 기도의 자리에서 주여 삼창하고 기도 하고, 부르짖고 기도 하고, 땅을 치고 가슴을 치며 기도 하고, 무릎을 꿇고 기도 하고, 엎드려서 기도하고 하는 것이 문제가 아니라 우리 영혼이 예수님의 생명으로 살아 있는지 살아 있지 않은지 그것이 중요한 문제입니다.

하나님의 세계를 여는 기도

창조적 기도의 첫째 출발점은 그 안에 하늘로부터 온 생명이 있어야 한다는 것입니다. 그 안에 하늘로부터 내려온 그 생명이 없는 기도의 자리는 죽음의 잔치 자리요, 시체를 늘어 놓고 통곡하는 자리입니다. 그곳에 시체가 있는 줄도, 내가 시체인 줄도 모르고 내가 부르짖는 자리가 될 것입니다.

기도의 자리는 어미 닭 속에 품어진 달걀처럼 매 순간순간마다 한쪽은 생명이 태동하여 성숙해 가고, 그 생명이 더 활기를 찾는 자리입니다. 그러나 다른 한쪽은 매 순간순간마다 썩어가는 자리이고 죽어 가는 자리이고 악취가 더 악하게 곪아가는 자리입니다.

우리 기도의 자리가 어떻게 되어야 하겠습니까? 저는 저희 교회 이야기를 잘 하지 않습니다. 왜냐하면, 밖으로 다니는 분들이 하도

자기 교회 자랑들을 많이 하기 때문에 식상한 것 같아서 덮어두지요. 그러나 저희 교회에서는 매일 저녁 공식 기도모임을 진행하고 있습니다. 기도하면서 그들에게 보이지 않는 하나님의 생기가 보이게 드러나지 않게 위로를 줍니다. 누구와 더불어 같이 기도 하는가, 누구와 더불어 같이 찬양을 하는가, 누구와 더불어 먹고 마시고 잠자는가, 거기에 따라서 하나는 생명으로 하나는 죽음으로 가는 자리입니다. 그 자리를 알았기에 기를 쓰고 혼을 제거하라고, 기를 쓰고 결단을 하고 벗어나라고, 성경에 기록된 대로 네 눈이 범죄하거든 눈을 빼버리고 천국으로 가라고, 다리가 범죄 하거든 다리를 잘라버리고 천국에 들어가라고, 그 양다리를 가지고 지옥에 가는 것 보다 더 낫다고 얘기 합니다.

우리는 결단을 놓치면 안 됩니다. 내가 지금까지 목회하고 기도하고, 신앙생활하고 찬양하고, 내가 지금까지 하나님 말씀을 가까이 한 것이 어떤 패턴으로 주를 가까이 했는지 가만히 생각해보시고 결단을 내리십시오. 모래시계를 보십시오. 얼마나 시간이 빨리 도망가는지, 세월이 얼마나 빠른지. 그 모래시계의 모래 알갱이들이 알알이 떨어지면서 뭐라고 외치는지 들어 보십시오.

모래시계의 위에는 살아있는 시간이고 아래는 죽은 시간입니다. 위에 있는 모래가 죽음의 자리로 매 순간 떨어지면서 소리지릅니다. "내 앞에 서 있는 너 인간아 나를 봐, 내가 어떻게 있나, 내가 네게 어떻게 말 하는지 들어보라고, 나를 보라고, 나를 보라고!"

가장 귀한 것이 돈이 아닙니다. 세상에서 가장 귀한 것이 건강도 인생의 즐거움도 아닙니다. 세상에서 가장 귀한 것은 시간입니다. 하나님께서 그에게 선물로 주신 인생의 호흡하는 순간들입니다.

시간을 가장 아끼고 사랑하십시오. 정말 시간을 여러분이 통장에 돈을 계산해서 쓰는 것처럼 시간을 돈으로 계산하듯 그렇게 쓰십시오. 더욱이 예배드리는 시간은 1분 1초가 귀합니다. 하나님의 눈과 멀어졌을 때, 하나님의 눈과 마주치는 것을 피하고 멀리 볼 때 하나님과의 사이는 끝나는 것입니다. 기도하는 시간이 그렇습니다. 보이지 않는 그분을 뚫어지게 바라보라는 것입니다. 미친 짓처럼 보이지요? 어떻게 보면 바보들이나 이런 짓 하지 정신이 온전히 박히면 이 짓 하겠습니까?

그런데 본문 말씀처럼 하나님의 세계는 기가 막힌 세계요, 뭔가 희한한 세계입니다. 희한한 세계에 들어가 기도하는 사람은 희한한 사람이 안되고서는 희한한 구경을 못합니다.

6.25때 미군부대에서 흘러나오는 잡지들이 있었습니다. 그때 한국에는 칼라 인쇄가 안됐습니다. 멋지게 칼라로 되어 권총을 찬 서부영화 같은 그림이나 사진도 나오고, 또 기가 차게 멋진 제품들을 사라는 광고도 많이 나왔지요? 미군부대에서 나오는 책에서 초등학교 애들이 책장을 한 페이지 한 페이지 넘기면서 무엇을 봅니까? 글자를 봅니까? 그림만 봅니까?

영어를 모르는 사람들이 미국 잡지를 볼 때 글자를 봅니까, 그림을 봅니까? 이것이 기도 세계의 차이입니다. 하나님의 은혜를 아는 자는 기도의 세계에서 하나님의 은혜를 읽어 갑니다. 하나님의 은혜를 모르는 자는 책을 넘기면서 그림만 봅니다.

그 내용이 무엇인지 그가 그림책을 열 번 넘겨본들 뒤집어서 백번

본들 그와 무슨 관계입니까?

이제 기도의 입문에 들어갑니다. 기도의 자리는 무식한 자리가 아닙니다. 무식하게 기도 들어가면 파멸을 자초합니다. 기도의 자리는 지혜로운 자가 들어가야 합니다.

기도의 자리는 썩어 있는 자가 들어가는 것이 아니고 생명이 있는 자가 들어가야 합니다. 기도의 자리는 하나님의 생명을 가진 자만이 들어가는 곳입니다.

하나님의 생명이 아닌 인간의 생명, 이성의 생명을 가지고 기도의 자리에 들어가면 그때부터 파멸이 시작됩니다.

무정란 계란이 암탉의 품안에서 썩어가는 것처럼, 창조적 기도라는 것은 우리가 하는 것이 아닙니다. 암탉이 알을 품는다고 해서 알 속의 병아리가 어떻게 조직되는 것인가를 알까요? 어림도 없습니다. 단순히 품어 주는 것뿐입니다. 계란은 조금도 모릅니다. 병아리도 알지 못합니다. 계란 속에 형체를 주신 것은 하나님입니다. 창조적 기도에 생명을 주시는 분은 하나님 그 분이십니다.

하나님의 세계, 생명창조의 세계와 그 신비함이 얼마나 신묘막측한지 피조물인 인간의 두뇌와 마음으로서는 도저히 상상할 수 없는 생명태동의 무궁한 비밀 그 자체입니다. 상상을 초월하는 그분과 만나는 자리에 어떻게 들어가야 할까요? 그것을 알고 우리가 기도의 자리에 들어갈 때 주문을 외우는 기도는 혼비백산하며 도망을 가게 됩니다.

하나님께 기도를 드린다는 것은 주문을 외우는 것으로는 어림도 없습니다. 하나님이 내 육체의 욕망을 채워 준다구요? 하나님이 내

감성에 감미로움을 준다구요? 하나님이 내 인생 설계에 자재를 갖다 준다구요? 어림도 없는 소리입니다. 그 모든 것들이 한여름밤의 꿈들입니다.

성령이 거짓말 하는 것이 아닙니다. "네 구할 것만 구해. 나머지는 덤으로 준다." 그래도 되겠지요. 그것도 그렇게 못 믿으면서 왜 이 자리에 들어오는가 말입니다.

그분은 진실로 하나님이십니다. 그분은 진실로 살아있는 신입니다. 전능자이십니다. 하나님을 어리석은 인간의 지혜로 보지 마십시오. 내가 쉽게 풀고 내가 주머니에 넣었다가 뺏다 하고, 오라고 부르면 오고, 가라면 가는 그런 존재로 보지 마십시오.

그분이 어린애들 하고 놀 때는 어린애들처럼 놉니다. 유치원 애들한테 올 때는 유치원 애처럼 뒹굴고 놉니다. 성인하고 놀 때는 성인하고 노는 것처럼 놀고 노인하고 놀 때는 노인하고 똑같이 노십니다. 지혜자가 가까이 올 때는 지혜자 처럼 같이 놉니다. 그분은 미련하고 무식한 사람이 올 때는 무식한 사람하고 똑같이 놀아줍니다.

그러나 그것이 그분의 전체가 아니라는 것입니다. 지극히 적은 한 부분에 불과합니다. 그런데 우리는 무지한 나 같은 사람하고 하나님 놀아주더라고, 내가 떼를 부리면 하나님은 내 기도 들어주신다고, 하나님께 내가 좀 어떻게 하고 내가 뭐해도 들어주더라고 합니다.

그곳에서 우리는 비로소 하나님의 사랑이 무엇이라는 것을 알게 됩니다. 하나님의 사랑이 무엇인가 ? 오늘 우리에게 주어진 말씀으로 들어갑니다.

"주께서 내 장부를 지으시며 나의 모태에서 나를 조직하셨나이다 내가 주께 감사하옴은 나를 지으심이 신묘막측 하심이라 주의 행사가 기이함을 내 영혼이 잘 아나이다(시편 139:13~14)."

본문을 언제든지 여러분이 묵상기도 들어갈 때 꼭 한번 묵상을 해 보십시오.

하나님의 사랑을 우리는 어떤 면에서는 신비라고 말할 수가 있습니다. 우리 인간의 개념으로 하나님의 그 무한한 사랑을 이해 할 가 없습니다. 하나님의 그 신비가 나에게 어떻게 나타나시는지 알려고 하면 기도하는 순간순간마다 닫혀진 눈으로 보이지 않는 세계를 보아야 합니다. 이 말씀은 우리 육신의 눈과 이성의 눈을 닫아 버리는 것입니다. 차단해 버리는 것입니다. 우리의 기도에 육신의 눈과 이성의 눈이 열려져 있을 때 우리에게 영의 눈이 열려질 길이 없습니다. 우리의 지식과 감정을 앞세우는 저쪽 세상을 닫아 버리고 하나님의 세계를 여십시오.

그렇게 될 때 그때부터 시작입니다.

기도는 그분이 열어 주는 영의 세계의 그 신묘막측함을 보러 가는 길입니다. 만나러 가는 길입니다.

기도는 그분께서 우리에게 열어주신 신묘막측한 신비한 세계를 찾아가는 과정입니다.

기도는 하나님의 그 신비로움이 어떻게 다가오는지, 또한 그분이 주시는 선물을 바로 우리의 앞자리에 펴 놓는 자리입니다.

이때 우리의 기도가 어떻게 되어야 한다는 것은 더 할말이 없지요. "주께서 내 장부를 지으시며 모태에서 나를 만들어 내셨습니다." 도저히 우리 인간이 우리 이성으로 생각할 수 없는 기가 막힌 말입니다.

알에서 병아리로 어떻게 나오는지 암탉이 도저히 상상할 수 없듯
이 말입니다.

하나님의 빛처럼 변하는 자리

우리의 영이 하나님의 영과 만나는 그 세계를 영이 아니고서는 도저히 알 길이 없습니다. 그래서 기도의 자리는 하나님의 생기가, 내 영의 생명이 그분과 더불어 만나는 곳입니다. 거기에 혼의 갖가지 모습들이 필요할까요? 거추장스러울 뿐입니다. 짐만 됩니다. 그런데 우리는 기도의 자리에 우리가 가지고 있는 갖가지의 보따리 보따리를 꾸려서 가져갑니다. 가서 좌판을 펴놓습니다. 하나님 이것도요, 하나님 저것도요, 이건 이렇고 저건 저렇습니다.

내가 만드는 기도는 기저귀 찼을 때는 참 좋습니다.

배고픈 어린 아기가 뭐라고 합니까? 엄마가 밭에서 땀 흘리며 호미질 합니다. 김을 맵니다. 그때 학교 갔다 온 어린애가 뭐라고 합니까? 쫓아와서 "엄마 배고파 밥 줘" 그럽니다. 엄마가 땀을 흘리면서 텃밭에서 김매고 있는 것은 생각 안 합니다. 그냥 밥 달라고 합니다.

이 고랑만 매고 가자고 해도, 싫어 밥 줘하고 떼를 씁니다. 그러면 어떻게 해요? 열심히 매던 고랑 내버려두고 치마폭 풀어 버리고 집으로 들어와 밥을 주지요.

어렸을 때 그런 기도는 다 들어줍니다. 어린 아기의 기도는 하나님께서는 다 들어주십니다. 그는 그 기도 밖에 할 수가 없으니까요. 그것이 어린 아기의 최상의 기도이니까요. 그것은 그가 할 수 있는 유일한 기도이기 때문입니다.

만약에 여러분들이 기도하러 와서 엄마 밥 줘, 배고파 그러면 그때 엄마가 뭐라고 그래요? 다 큰 애들한테 뭐라고 그럴까요? 어머니 입장에서 말해 보십시오. "네가 차려 먹어. 그렇잖아도 잘 됐다. 오늘 내가 빨리 밭 매고 가야 되는데 옆에 한고랑 남았으니까 이거 나하고 같이 매고 밥 먹으러 가자"고 합니다.

60을 넘게 먹은 할머니가 옛날에 자기가 어머니를 얼마나 괴롭혔는지 손자를 통해서 봅니다. 그 어머니에 대한 회한이 들면서 용서를 빌고 싶어집니다. 어머니의 그 사랑, 내가 왜 그렇게 어머니한테 덤벼들었던가, 내가 어머니의 말을 왜 그렇게 안 들었던가, 왜 그렇게 청개구리 노릇을 했던가, 그분이 나를 위해서 사셨는데.... 그렇게 생각할 때 이제는 나이 많이 먹은 노인의 주름 잡힌 얼굴에 눈물이 방울방울 떨어집니다.

자신을 이 순간까지 지켜오게 하신 어머니를 생각하지요. 그 어머니를 하나님의 얼굴로 바라봅니다. 여호와 나의 목자! 그럴 때 여호와 그분은 나의 어머니요, 여호와 그분은 나의 아버지요, 그럴 때 여호와 그 단어 하나에 이 60먹은 할머니의 마음속에 회한의 감정으로, 표시할 수 없는 언어로, 나타낼 수 없는 그 무엇인가가 꿈틀꿈틀합니다. 어머니가 다시 살아서 오신다면 내 머리를 잘라서 내 머리털로라도 어머니의 짚신을 만들어 드리고 싶은 그런 마음 아니겠습니까?

하나님과 우리가 만나는 기도의 자리는 바로 이 60, 70된 할머니가 어머니를 생각하면서 기도하는 자리입니다. 어머니와 만나는 자리요, 하나님을 만나는 기도의 자리입니다. 기도의 자리가 그렇게 성숙해 갈 때 우리의 기도에는 다른 말이 하나도 필요 없게 됩니다. 어떤 말이 필요합니까? 70 먹은 노인이 "엄마!"이렇게 부릅니다. 다른 사람이 있을 때는 어머니라고 부르겠지만 아무도 없는 자리에서는 허공을 향하여 엄마! 하고 부릅니다. 거기서 엄마의 얼굴을 그려봅니다. 그럴 때 한 발자국 한 발자국 허공에 떠 있는 어머니를 향하여 발을 옮깁니다. 내가 옛날에 안기고 싶었던 어머니, 어머니 품에 안겼던 그 어린 시절을 생각하면서 그 어머니를 향하여 팔을 벌립니다. 그렇게 하고 기도의 세계에 들어갑니다.

내가 오늘 누구를 안을까요? 내가 벌린 팔로 주님을 안게 됩니다. 이것이 우리 기도입니다. 내 팔이 주님을 안을 때 그분의 팔이 됩니다. 내 마음이 아니고 그분의 마음이 되고, 내 몸이 아니고 부활체로 새로 태어난 그분의 몸입니다.

변화산에서 예수님께서 하나님과 만나는 기도의 자리에 그의 얼굴이 해 같이 빛나고, 빛보다 더 빛나고 그의 옷이 해처럼 햇빛처럼 현란해집니다.

바로 그것이 우리가 추구하는 창조적인 기도의 자리입니다. 지금 우리가 추구하는 기도의 자리는 "하나님, 금 좀 주십시오." 하는 그런 자리가 아닙니다. "하나님, 내게 맨션 주십시오. 하나님, 내게 교회 주십시오." 하는 그런 자리가 아니라는 것입니다.

우리의 기도 자리는 내가 하나님의 빛 속에서 하나님의 빛처럼 변하는 자리입니다. 우리가 추구해야 할 자리가 그런 자리입니다. 우리가 마땅히 앉아야 할 자리가 하나님의 빛 속에서 내 영이, 내 몸이, 내 옷이 빛처럼 밝게 되고 환한 옷이 되는 것입니다. 그것이 우리가 지향하는 기도, 꿈꾸는 나비기도의 자리입니다.

그것이 우리가 추구해야 할 창조적 기도의 종착역입니다.

그것을 위해서 우리는 계속해서 기도의 목표를 향해 파고 또 파들어갈 것입니다. 그런 기도가 우리의 성직자들 한 사람 한 사람을 바꾸어 갈 때 한국의 13만 명의 성직자들에게 창조적 기도가 심어질 것입니다. 그날을 만들어야 합니다.

내가 남에게 따스함을 주려면 내 자신부터 따뜻해져야 합니다. 내가 내 속에 평안함을 가지고 있으면 가는 곳마다 평안을 줄 것이고 내가 내 속에 하나님의 사랑을 가지고 있으면 내가 가는 곳마다 사랑을 전하여 줄 것입니다. 내가 마음속에 소망이 있으면 가는 곳마다 소망을 전하여 줄 수 있을 것입니다.

맡긴 자, 던진 자가 받는 응답

우리들은 완전히 변화 받아야 합니다. 우리는 이미 육의 자리에선 떠났습니다. 혼의 자리에 양다리를 걸쳤습니다. 내가 하나님에게 인간의 지성으로, 감사할 일도 인간의 감성으로, 하나님께 인간의 판단으로 나가도록 하는 그 모든 것을 잘라 버리십시오. 양다리를 걸치고 있는 한 우리들에게 하나님의 은총은 허락하지 않습니다. 언제까지 양다리 걸치고 있겠는가? 이쪽인가 저쪽인가 결판을 내라고 엘리야가 외친 것을 생각하십시오. 인간 세계의 풍요로움을 찾아가려면 부요함과 풍년의 사기단과 바알에게 가라고 하십니다.

우리가 어떻게 결단해야 할 것인가 생각해 보십시오. 나도 처자식이 있고 나도 살아야 하고 나도 인생이 있고 나도 뭐가 있다는 것을 우리 주님이 모르실까요? 우리 주님이 그걸 도외시하는 것으로 생각하고 있는 데 아닙니다. 우리가 그걸 쥐고 있기 때문에 그걸 넘겨주지 못하기 때문에 주님이 관계를 안하시는 것입니다.

우리가 그것을 그분께 넘겨드리면 그분이 짐을 받으시고 그분이 "너는 자유하라. 내가 그 짐을 지마." 하시는데 그것을 우리는 안 믿어요. 어떻게 주님을 믿습니까? 내가 직접 해도 안되는데 눈에 안 보이는 주님을 내가 어떻게 믿어요? 안 믿어요. 그래서 내 염려 근심 걱정 이런 것들을 그분에게 드리지 않습니다.

"수고하고 무거운 짐 진 자들아, 다 내게로 오라 내가 너를 편히 쉬게 하리라."

수고하고 무거운 짐 진 자들이여, 수고하고 인생의 짐 진 자들이여, 수고하고 무거운 하늘의 짐을 가진 자여, 그 짐 다 내게로 가지고 오라. 너는 그것으로부터 자유하라는 것입니다. 하나님은 그 모든 것으로부터 우리가 자유하게 되기를 원하십니다. 또 자유하게 하시겠다는 것입니다. 그런데 우리는 "나는 하나님 못 믿어, 나는 못 줘, 나 못해." 언제까지 움켜쥐고 있을 것입니까? 우리 주님께서는 "그래, 갖고 있어봐." 안주면 우리 주님이 빼앗아 가겠지요. 언제까지 움켜쥐고 있을 것입니까? 던지십시오. 맡기십시오. 자유하게 되는 길은 바로 이 길뿐입니다.

바로 기도의 자리는 던진 자, 맡긴 자가 들어가는 자리입니다. 던지지 않고, 맡기지 않은 자는 기도의 자리에 들어가도 그 짐 때문에, 장벽 때문에 그 장애물 때문에 그 분과 못 만납니다. 아무리 고함을 치고 아무리 두들기고 눈물을 흘리고 울지라도 맡기지 않은 그것이 바로 하나님과 그 사람 사이를 가로지르는 장벽이 됩니다.

에어컨이나 온풍기가 바람을 보낼 때 블록을 쌓은 담만이 시원한 바람, 더운 바람을 내게 못 오게 하는 것이 아닙니다. 비닐 막 하나만 쳐도 에어컨의 바람과 온풍기의 바람이 나와 아무 관계가 없습니다. 얇은 비닐 한 장일지라도 바람은 차단 당하고 맙니다.

기도의 자리는 광부들이 광산에 가서 광맥을 캐내는 자리입니다. 그가 찾는 광맥이, 예를 들면 그가 눈에 자주 보이는 석탄 광맥을 찾는다면 그는 석탄 광산의 주인이 될 것이고, 그가 산에서 구리의 광맥을 찾았다면 동광의 광주가 될 것이고 그가 산에서 은의 광맥을 찾았다면 은광의 광주가 될 것이고, 그가 산에서 금의 광맥을 찾았다면 금광의 광주가 될 것입니다. 또 그가 다이아몬드를 찾았다면 다이아몬드 광주가 될 것입니다. 기도의 자리에서 내가 어떤 광맥을, 어떤 광석을 잡을 것인가 결단을 해야 하고 가장 좋은 광맥을 찾도록 최선을 다해야 합니다.

영혼의 세계를 찾는 크리스천은 다이아몬드 광산을 찾아 가십시오. 다이아몬드 광산이 제일 비싸고 가치가 있기 때문에 찾아 가기도 하겠지만 그것 때문에 찾아가는 것만은 아닙니다.

다이아몬드 광산을 가진 자는 석탄이나 구리나 은이나 금이 갖추거나 사역할 수 없는 어떤 특이한 사역을 하게 됩니다.

다이아몬드가 어떤 성질을 가지고 있습니까? 쇠가 뚫지 못하는 것, 쇠가 할 수 없는 것을 다이아몬드 끝에만 대면 철판이건 돌이건 다이아몬드 가는 곳에는 뚫리지 않는 것이 없습니다.

암반을 뚫고 지하 깊은 곳에 있는 생수를 퍼 올리려고 할 때에 뚫는 기계들이 쇠로 되어 있는 기계들이 아닙니다. 바깥에는 쇠가 되겠지만 맨 끝에는 다이아몬드로 되어 있습니다. 다이아몬드만 아주 단단한 암반을 깨뜨릴 수가 있습니다.

기도의 자리에서 찾아야 할 것, 만나야 할 것은 다이아몬드 광산입니다. 다이아몬드 광산, 그것은 내가 깨지고 내가 닳아져 가면서, 내가 없어져 가면서 하나님의 역사를 이루려고 가는 곳곳마다 암반을 뚫어서 지하의 생수가 솟아나게 하는 일을 합니다. 아무리 금이 좋을지라도 암반을 뚫을 수가 없습니다.

기도의 자리에서 구해야 하고 찾아야 하고 추구해야 할 것은 바로 하나님께 가장 값어치가 나가는 다이아몬드 광산을 내게 보여 달라는 기도를 해야 합니다. "제게 영적 지도자가 되기 위한 방법으로 다이아몬드를 주십시오. 다이아몬드 그 끝을 가지고 가는 곳곳마다 육체를 뚫고 그들의 혼을 뚫고 그 속에 하나님의 생명을 불어 넣겠습니다. 그들 속에 자생할 수 있는, 스스로 솟을 수 있는, 마음속의 생수가 터지게 해주려고 합니다. 그래서 내가 하나님께 다이아몬드를 구하는 것입니다." 이렇게 기도할 때 우리 하나님께서 주실 것입니다.

신묘막측한 기도의 세계

기도의 세계는 암탉이 알을 품고 그 안에서 신비한 과정을 거쳐 병아리가 만들어지는 과정과 꼭 같습니다. 기도의 세계는 신묘막측합니다. 내가 기도의 세계에 들어갔을 때 그 안에서 어떤 일이 일어나는지 어떤 변화가 있는지 어떤 성숙이 일어나는지 어떤 일이 벌어지는지 아무도 모릅니다. 그것을 주관하시는 그분께서만 아시지요. 그 신비 속에 나를 품어 주실 때 나는 어떤 것으로 변화될까요? 하늘의 신비 중의 하나가 됩니다.

하나님의 신비 속에 들어가 있을 때, 하나님의 신비 속에 잠겼을 때 나는 무엇이 되겠습니까? 하나님 신비를 잔뜩 머금은 솜뭉치가 되는 것입니다.

솜뭉치가 힘이 있는 게 아니라 솜뭉치 안에 있는 하나님의 신비한 지혜들이 엄청난 파워를 가지고 있는 것입니다. 그것이 바로 창조적 기도를 원하는 기도자나 또는 영적지도자, 영성 멘토들이 갖춰야 될 조건들입니다.

몇 트럭의 금덩이를 가져와서 바꾸자고 해도 바꿀 수 없는 것입니다. 세상의 물질로는 인간의 육체와 이성을 뚫어 갈수가 없습니다. 치료는 할 수 있겠지요. 더 빛나게는 할 수 있을 것입니다. 금칠을 할 수는 있을 것입니다. 그러나 영혼의 샘은 팔 수가 없습니다.

영혼의 샘을 팔 자 누구인가, 드릴 끝에 다이아몬드를 장착하고 있는 하나님의 도구들만 할 수 있습니다.

바로 우리의 기도시간이 하늘로부터 다이아몬드를 받아내는 시간입니다. 그 시간에 우리는 앉아서 뭐라고 그러지요?

"하나님! 오늘 부엌에 연탄 떨어졌는데 연탄 하나만 주지 마시고 리어카 하나로 주십시요." 한참 생각하다가 "내가 기도 잘못했네. 연탄 한 리어카 해야 2-3백장 되는데 그것 안되겠네요. 연탄 한 트럭 주십시오."

그러니까 하나님께서 뭐라고 하실까요? 상상해 봅니다.

"리어카 한 트럭 줘봐야 그게 얼마나 가겠냐? 너 옆자리에서 기도하는 김집사는 연탄 달라고 하지 않고 다이아몬드 달라고 기도한다. 기도에도 지혜가 필요하다. 내용을 바꾸어라." 하시겠지요. 엄지손가락만한 다이아몬드 하고 연탄 한 트럭하고 비교가 될까요? "기도를 해도 좀 지혜 있게 해. 알고 기도하라"고 그러십니다. 기도의 자리에 들어 갈 때 육적 욕망을 위해서 기도 할 수 있습니다.

어린 아이의 자리에 들어가서 기도할 수도 있습니다. 엄마 밥 줘 그렇게 기도할 수 있지요. 그때 하나님께서는 배고픈 아이에게 밥 주듯이 우리의 기도에 바로 응답하십니다.

그러나 영의 성숙한 자리에 있는 사람이 이런 기도의 자리에 있으면 반문합니다. 아직도 그런 기도를 하고 있느냐고 책망하십니다. 언제까지 기저귀 차고서 기도하겠느냐고 하십니다. 바지 입고 웃웃입고 단정히 하여 기도 자리에 들어가야 합니다.

육의 기도를 몇 달, 몇 년, 몇 십 년 해도 영의 기도하고는 아무 관계가 없습니다. 혼의 기도를 몇 달, 몇 년, 몇 십 년 해도 그 기도가 영의 기도의 한 순간이 될 수 없고 영의 기도와 아무 상관이 없습니다. 전혀 관계가 없습니다. 혼의 기도는 영의 기도와 아무 상관이 없습니다. 혼의 기도는 혼의 세계만 파고들지 영의 세계는 꼼짝도 안 합니다. 잘 기억해 두십시오.

비닐막 하나만 있어도 에어컨 바람이 우리에게 오지 않는다는 것을 생각하면 혼의 기도는 10년, 20년, 50년 해본들 영의 세계는 솜털 하나 움직일 수 없습니다. 이것을 안다면 내가 어떤 기도의 자리에 들어가야 할지, 어떤 기도를 해야 하는지 결단을 내리게 됩니다.

이 시간에 나는 주께서 원하시는 육체의 기도가 아닌 영혼의 기도를 해야 합니다. 주님과 만나는 영적인 기도를 해야 합니다. 이 기도가 바로 생명력 있는 기도입니다. 새 역사를 만들어 내는 창조적 기도입니다.

제8장

살아있는 영성

엘리사가 가로되 여호와의 말씀을 들을찌어다 여호와께서 가
라사대 내일 이맘때에 사마리아 성문에서 고운 가루 한 스아에 한
세겔을 하고 보리 두 스아에 한 세겔을 하리라 하셨느니라 때에 한
장관 곧 왕이 그 손에 의지하는 자가 하나님의 사람에게 대답하여
가로되 여호와께서 하늘에 창을 내신들 어찌 이런 일이 있으리요
엘리사가 가로되 네가 네 눈으로 보리라 그러나 그것을 먹지는 못
하리라 하니라성문 어귀에 문둥이 네 사람이 있더니 서로 말하되
우리가 어찌하여 여기 앉아서 죽기를 기다리랴 우리가 성에 들어
가자고 할찌라도 성중은 주리니 우리가 거기서 죽을 것이요 여기
앉아 있어도 죽을찌라 그런즉 우리가 가서 아람 군대에게 항복하
자 저희가 우리를 살려두면 살려니와 우리를 죽이면 죽을 따름이
라 하고 아람 진으로 가려 하여 황혼에 일어나서 아람 진 가에 이
르러 본즉 그곳에 한 사람도 없으니 이는 주께서 아람 군대로 병거
소리와 말소리와 큰 군대의 소리를 듣게 하셨으므로 아람 사람이
서로 말하기를 이스라엘 왕이 우리를 치려하여 헷 사람의 왕들과
애굽 왕들에게 값을 주고 저희로 우리에게 오게 하였다 하고 황혼
에 일어나서 도망하되 그 장막과 말과 나귀를 버리고 진을 그대로
두고 목숨을 위하여 도망하였음이라 (왕하7:1~7)

가장 바람직한 기도

제가 어렸을 때 부모님에게 배운 식사기도문을 지금까지 60년이 넘도록 토씨 하나 바꾸지 않고 그대로 하고 있습니다. 이제 다른 분들과 같이 기도할 때는 그 기도를 안 하지만 집에서 혼자 식탁에 앉으면 그 기도문구가 자동적으로 나옵니다.

많은 사람들이 기도의 세계에서 먹고 마시고 쉬고 자고 있습니다. 이 기도의 세계가 어떤 곳인지 너무나 잘 아시지요? 저도 기도의 세계에 대해선 잘 안다고 자부했습니다. 그런데 기도의 자리에 깊이 들어가면 들어갈수록 옛날에 했던 기도를 생각해 보면 얼마나 얼굴이 뜨거워지는지 모릅니다. 열정과 집념을 갖고 기도했던 것만큼 비례하여 부끄러워집니다.

제가 그동안 지혜 없이 어리석은 기도를 해왔던 것이 원통합니다. 주일학교의 교사나 담임목사나 믿음의 선배들이 왜 기도하는 법을 제대로 안 가르쳐 주었는지 안타까운 마음이 듭니다. 그냥 무조건 기도하라고, 그냥 부르짖고 기도하라고, 좀 어려운 것이 있으면 금식하고 기도하라고, 더 심각한 문제가 있으면 단식하고 기도하라고, 또 뭔가 맘에 걸리는 것이 있으면 3일 기도하고, 1주일 기도하고 기도원에 가서 20일 기도하고, 40일 기도하고, 100일 기도하라고 자주 듣는 소리입니다. 또 기도를 전문으로 하는 기도원에 가면 작정기도, 금식기도 하라는 말을 많이 듣게 됩니다.

하지만 20일 또는 40일 금식기도를 몇 번 한 사람들, 그분들 중에 일부는 금식기도를 안한 것만 못한 분들도 있음을 봅니다. 바로 이런 사실이 기도의 염려스럽고 극단적인 면을 보여줍니다.

기도의 깊은 경지에 들어간 자들의 모습은 대부분 두 가지로 나타납니다.

하나는, 성령의 열매를 맺는 자리에 앉게 되는 것입니다. 기도의 깊은 자리에 있는 사람들입니다.

또 하나는 교만한 자리에 앉게 되는 것입니다. 엄청난 교만입니다. 천사가 하나님하고 같아져야 되겠다고 교만한 자리에 올라간 자리, 바로 그 자리가 그들의 기도 자리입니다.

기도의 자리에 앉게 되면 그가 기도하는 것에 비례해서 그 정도만큼 자동적으로 올라가게 됩니다. 그런데 그 속에 하나님의 영이 함께하는 기도를 했는가? 아니면 사탄의 기도가 되었는가? 그것이 문제입니다.

하나님께서 내게 베푸시는 은혜 속에 기도가 진행되는 것과, 내가 스스로 찾아가고, 내가 만들어서 기도하는 것과는 기도 자체가 다름니다. 이런 문제들로 인해서 이 기도의 자리가 이젠 정비되어야 겠다고 생각합니다.

기도의 자리가 참 복된 자리이지만 어떻게 보면 두렵고 떨리는 자리입니다. 자기 아집, 자기 고민, 자기성취를 만들어 가는 자리가 되기도 합니다. 기도의 자리에 앉으면 그것이 가능하게 됩니다.

가장 바람직한 기도의 자리는 어떤 자리일까요? 그것은 바로 이런 자리입니다.

"내가 오늘 이 기도하고 죽으리라! 내가 오늘 이 기도가 끝나고 난 다음에 나는 이 땅에 있지 않으리라!"

그렇게 될 때 나의 기도의 내용이 무엇이 되겠습니까? 이것이 바로 기도의 핵심입니다. 이 기도 끝나는 날, 이 기도 끝나는 바로 그 시간에 내 목숨은 이 땅에 없다고, 내 인생이 끝난다고 한다면 어떤 기도를 하겠습니까? 하나님 앞에 내가 섰을 때 어떻게 될 것인가? 그런 기도를 할 것입니다.

그러면 그 기도의 내용이 무엇이겠습니까? 하나님 우리 교회 크게 해주십시오. 그런 기도를 하게 될까요? 하나님 내게 건강주십시오. 우리 아이 일류대학교 들어가게 해주십시오. 우리 남편 사업 잘되게 해 주십시오. 그런 기도를 할까요? 가만히 생각해 보십시오.

기도의 자리는 바로 자기 정체성을 확인하는 자리이고 심판받는 자리입니다. 거룩하고 선하신 하나님의 자리로 가는가 아니면 악의 자리, 사탄의 세계로 가는가? 순간순간 기도가 심판받는 자리요, 내가 죽었는지 살았는지 그것을 묻는 자리입니다. 자기 확인의 자리입니다.

하나님 다른 사람들은 다 죽어도 좋으니 나만 살게 해 주옵소서. 이런 기도가 90%입니다. 들어보십시오. 살려 달라는 소리가 기도 자리에 꽉 차있어요. 죽여 달라는 기도가 얼마나 됩니까? 죽여 달라는 것도 진짜로 죽여 달라는 것이 아니고 살기 위한 아래 단계에서 죽여 달라고 푸념을 합니다.

그러나 실제로 기도의 자리는 죽음의 자리입니다. "나는 네가 기도한 그대로 응답해 주었는데 넌 왜 그것을 그대로 안 하느냐."고 하나님께서 우리에게 책임을 물으십니다. 거역하는 것은 사술의 우상과 같다고 말씀하셨는데 우리가 기도의 자리에서 우상을 만들어서 내 뜻이 이루어지게 해달라고 한다면 그 자리는 심판의 자리가 되는 것입니다.

하나님의 응답과 지상에 나타난 표징

그러면 기도를 어떻게 바르게 할 것인가? 어떻게 기도를 제대로 하게할 것인가? 어떻게 기도하도록 가르칠 것인가? 기도를 어떻게 잘 하도록 지혜를 줄 것인가?

기도의 깊은 자리에 계신 분들은 이렇게 이야기 합니다.

"기도하십시오. 그러면 다 됩니다."

그렇다면 어떻게 다 되는지 그 과정을 가르쳐 주지 않고 기도의 장님, 귀머거리, 절름발이들에게 그대로 오라고, 그냥 기도의 자리에 오라고 합니다. 기도의 중병 든 자들에게 그냥 중병 가지고 기도의 자리에서 기도만 하면 된다고 그럽니다.

이것을 우리는 어떻게 치료할 것입니까?

창조적 기도는 하나님의 종의 기도와 하나님의 응답과 그리고 또 지상에 나타난 표징들을 찾아냅니다. 그래서 그렇게 기도하지 않으면 하나님이 응답하지 않으신다고 깨닫게 됩니다.

그런데 제가 지금까지 살아오면서 기도를 많이 했다거나 적게 했다는 것을 말하는 것이 아닙니다. 기도의 골짜기, 기도의 절벽들, 기도의 벼랑들, 기도의 봄, 여름, 가을, 겨울, 기도의 눈보라, 기도의 빙판들, 기도의 그 가시밭길들, 먹고, 자고, 보고, 만지고 했던 것을 말하는 것이 아닙니다. 그 과정을 거쳐 오면서 이제 겨우 찾아낸 것이 창조적 기도입니다.

기도는 생명을 불어 넣어 일으키는 자리이고, 하나님의 역사가 일어나는 자리라는 것이 제가 몇 십 년을 기도하면서 겨우 붙잡은 하나의 다이아몬드요 기도 진액입니다.

기도의 자리란 매 순간순간 마다 그분이 우리에게 생명으로 오시는 자리이고, 그분이 우리에게 생명을 주시는 자리이고, 그 생명이 우리에게서 실제로 능력으로 역사하시는 순간인데 성급한 사람들이 기도의 자리에 너무나 많이 있습니다. 기도의 자리에 성직자들만큼, 크리스천들만큼 성급한 사람들도 없는 것 같습니다.

다른 종교에 가서 불공드리는 것을 보면 어쩌면 그렇게 감탄할 정도로 기도 자리가 정결하고 인간적 꾸밈이 없고, 그 인내는 탄복할 정도입니다. 장기간 동안 세월 묻지 않고 드립니다. 벽면기도를 1년, 3년, 10년 동안 합니다.

우리 기도는 교회에 가자마자 앉아서 찬송 몇 번 하고 그 다음에 부르짖고 한 시간, 두 시간 하다가 하나님 왜 응답 안 해줍니까? 그럽니다. 그래 오늘은 첫 만남이니까 내일보자 합니다. 그러곤 다음날 와서 또 기도합니다. 그리고 하나님 왜 안해줍니까? 떼를 씁니다. 얼마나 성급한지 모릅니다.

우리는 기도의 자리에 들어가서 어린아이처럼 고집을 부립니다. 아이가 백화점에서 엄마와 아이쇼핑하며 죽 한 바퀴 돌다가 희한하게 생긴 좋은 상품을 봅니다. 장남감 하나를 봅니다. 멋있는 장남감인데 가격을 보니까 십 만원이나 합니다. 엄마는 물건 사러 온 것이 아니고 그냥 교통카드와 푼돈만 쥐고 왔는데 애가 백화점 바닥에 주저앉아 앙앙 웁니다. 이것 안사주면 안 간다고. 이건 돈이 없는 엄마의 이야기고 신용카드가 있는 엄마는 얼마든지 사줄 수 있습니다. 그러나 그것이 그 아이에게는 소용이 없기에 "네가 자라고 난 다음에 이것을 사 주마" 하고 달랩니다.

우리의 기도 세계도 바로 이와 같습니다. 우리가 뭘 당장 달라고 앙앙 울지라도 그것이 우리에게 해가 될 경우에 다음에 하자고 합니다. 네가 자라게 되면 내가 해주겠다고 약속합니다. 엄마는 기억합니다. 그 아이가 자라게 되면 꼭 거기 가서 그걸 사줍니다. 전에 약속한 것이니까요.

사랑하는 하나님의 자녀들이 얼마나 성질이 급한가 하면 섣달 그믐날 장가 가고 그 다음날 사위가 장모한테 가서 내가 못난 여자를 만나서 2년이 됐는데도 아기도 못 낳는다고, 딸을 어떻게 키웠길래 2년이 돼도 아기도 못 낳느냐고 떼를 쓰는 것과 같습니다. 섣달 그믐날 갔으니 1년 아닙니까? 다음날 정초니 2년이죠. 다른 사람들은 열 달이면 애를 낳는데 2년이 돼도 못 낳는다고 말도 안되는 헛소리를 하는 것과 같습니다. 이 미련하고 어리석음은 주먹으로 가슴 칠 일입니다.

이것이 우리 기독교인들이 기도의 자리에서 하는 푸념들입니다. 하나님께서는 우리의 기도를 듣고 참 답답함을 느끼는 것이 많을 것입니다. 너는 어찌 그러느냐고...

우리 하나님만큼 멋진 분이 없고 그분만큼 지혜로운 분이 없고 그분만큼 때와 장소를 잘 아시는 분이 없습니다. 참으로 그분은 멋쟁이요, 아무도 따라갈 수가 없습니다.

지금은 하나님께서 허락하신 창조적 기도를 시작하라고 하늘 문을 열어 놓으시고 하늘의 지혜를 우리에게 주시는 시간입니다.

이 본문에서 뭘 찾을 수 있습니까? 하나님의 종의 기도를 그분은 응답하신다는 것입니다. 어떻게 응답하십니까? 구체적으로 계획을 하십니다. 그 기막힌 계획을 보시기 바랍니다.

엘리사의 기도에 응답해주신 것을 보면서 바로 엘리사의 그 자리가 나의 자리라고 생각하면 됩니다. 엘리사를 들어내고 그 자리에 내가 들어가는 것입니다.

타임머신을 타고 그날로 돌아갑니다. 그날의 그 현장과 똑같이 오늘 우리의 기도현장을 만들 수가 있습니다. 하나님의 세계, 즉 영의 세계는 시공의 제한이 없습니다. 하나님의 영으로 기도하는 우리의 기도는 영의 세계이기 때문에 제한이 없습니다.

우리는 육체로 기도합니다. 육체로 기도하지만 육체의 기도 중에 하나님의 영은 초자연적인 하나님의 세계를 들락날락 하지요. 육체의 기도에서 하늘의 초자연적인 능력이 일어나도록 하는 것이 바로 우리 기도의 축복의 자리입니다.

good time, good place, good way

이스라엘이 아람 적군에게 포위를 당했습니다. 적군이 포위하니까 외부로부터 식량공급이 두절됩니다. 수로를 돌려버리니까 물도 성안으로 들어오지 못합니다. 성이 포위될 때 가장 큰 어려움이 식량과 식수입니다.

우리에게 들려주는 열왕기하의 말씀을 보면 나귀 머리통 하나에 은 80세겔이라고 그래요. 또 비둘기 똥 주먹만큼 하나에 은 다섯 세겔이나 합니다. 오죽 먹을 것이 없으면 비둘기 똥을 그렇게 비싼 값으로 사먹으려고 하겠습니까?

인류의 역사를 보면 가난이 올 때는 사람들이 동물의 똥을 먹게 됩니다. 심지어는 자기가 배설한 그 똥을 자기가 먹게 됩니다. 왜요? 그게 없으면 죽게 되니까요! 우리의 육체가 얼마나 곡식을 필요로 하는지, 영양분을 필요로 하는지 알게 됩니다. 그와 마찬가지로 우리의 영도 얼마나 하나님의 영양소를 필요로 하는지 그것을 깨우침 받는 기회가 온다면, 그것은 바로 기적입니다.

여러분의 사랑하는 양떼에게 쭉정이 갖다 놓고 이것도 안에는 약간의 영양이 있으니 먹으라고 하겠습니까? 쭉정이라도 그냥 먹일 수도 있습니다. 영의 쭉정이를 먹일 수도 있지만 하나님께서는 우리에게 영의 알곡을 먹이시기 원하십니다.

창조적 기도는 바로 영의 알곡을 위한 타작마당입니다. 영의 알곡을 타작해서 우리 식구들에게 좋은 밥을 제공하는 그런 시간입니다. 이스라엘에 흉년이 드니 살아갈 길이 없어서 우리의 사랑하는 동역자 엘리사가 기도합니다. "하나님 어떻게 하시렵니까? 여기에서 이들은 다 죽습니다. 하나님 살려주십시오. 당신의 자녀를 살려 주십시오." 그러자 하나님께서 엘리사에게 응답하십니다.

"내일 이맘 때쯤에 이스라엘 성벽에 고운 밀가루 한 스아에 한 세겔, 보리 두 스아에 한 세겔이 되리라." 기막힌 말씀을 하십니다. 하늘의 영적 기상도가 지상의 영적 기상도의 실체를 예고합니다.

하나님이 엘리사의 기도에 응답하셔서 인간의 힘으로는 이루어질 수 없는 놀라운 사건들을 펼치십니다.

우리가 기도의 세계에 들어갈 때 기도의 세계는 무엇이나 가능한 세계라고 생각하는 그 자체가 우리에게는 무리입니다. 기도의 세계는 우리 인간의 지혜와 지식, 경험, 능력으로는 가능한 세계가 아니라 불가능한 세계입니다. 그러나 기도의 세계는 바로 불가능을 가능케 하는 전능자 하나님의 세계입니다. 그것을 우리는 이름하여 창조적 기도라고 합니다. 안되는 것을 되게 하는 것입니다. 없는 것을 있게 하고 되지 않는 것을 되도록 열어주는 것입니다.

묶인 것을 풀어주는 것이요, 어둠에 갇힌 자를 빛 속으로 이끌어 내는 것이요, 지하 감방에 있는 자를 끌어내서 옥문 밖으로 내보내는 것입니다.

어둠에 갇혀있는 감옥의 세계, 육으로 싸여져 있는 세계에서 영이 탈출하게 하는 것이 바로 기도의 세계입니다.

지금 창조적 기도를 합니다. 이 시간에 그분께서 엘리사의 기도에 응답하셨던 것처럼 주여 나의 기도에도 응답 하옵소서. 우리의 영이 지금 기도를 합니다. 주여 나의 기도에 응답 하옵소서. 이 시간에 내 안의 하나님의 영이 기도합니다. 우리의 마음이 기도합니다. 하나님 께서 우리에게 역사하실 때 우리의 기도가 끝나면서 바로 역사하실 수도 있고 내가 기도하는 중에 역사하실 수도 있고, 내 기도가 끝나 고 1년, 2년, 3년, 10년 후에 역사하실 수도 있습니다. 그것은 그분 의 권한이지 우리가 논할 것은 아닙니다. 그러나 성경은 우리에게 말 합니다. 그분께서 해주시리라 하신 것은 틀림없이 해주신다는 것을, 혹시 늦더라도 이루어질 때까지 기도하라고, 그러나 그것이 네게는 늦은 것이 아니라고 말합니다. 그것은 바로 good time, good place, good way입니다.

하나님은 우리에게 가장 좋은 시간에, 가장 좋은 자리에서. 가장 좋은 방법으로 우리의 기도를 응답하시고 이끌어 내시고 열매를 따 게 하시지요. 확신합니까? 확신하는 것부터 시작하십시요. 바로 확 신하는 우리 속에 그분이 초자연적인 능력과 권세로 우리를 덮고 지 나 가십니다.

내일 이맘 때에 고운 밀가루 한 스아에 한 세겔이요, 보리 두 스아에 한 세겔 된다고 엘리사가 선포합니다. 그러나 왕의 호위대장이 그 소리를 듣고 "뭐라고? 하나님이 하늘에 창문을 낸들 식량창고에 창문을 내서 쏟아준들 이스라엘 성안에 그 일이 이루어지겠는가." 비웃습니다.

우리가 기도에 들어갈 때 꼭 목표를 둘 것 하나가 기도의 신들린 사람이 되라는 것입니다. 무슨 말인지 이해가 됩니까?

제가 어렸을 때 동네 굿하는 자리에 가끔 놀러가 봤는데 자라고 나서도 그 자리에 가 본 일이 있습니다. 그런데 예수님을 믿는 사람이 굿판에 가면 대잡이가 신이 안 내린다고 합니다.

신의 세계가 그런 것입니다. 작두위에 서서 춤추는 그 여인네들 신들린 사람들입니다. 하지만 예수 믿는 사람들이 옆에 서있으면 그는 못 올라갑니다. 신들리지 않고는 도저히 못합니다. 작두가 얼마나 날카로운데요. 기도의 자리에서, 심지어 사술을 하는 세상의 마귀를 쫓아가는 그런 부류들도 신이 안 내리면 대잡이를 흔들지 못해서 작두 위에 올라가지 못하는데, 우리 예수 믿는 사람들은 신이 한번도 내리지 않았는데 응답받았다고 합니다. 그것은 사탄의 거짓 응답일 가능성이 많습니다. 기도는 신들린 사람이 신의 음성을 듣는 것이고, 신의 권세를 입는 것입니다. 기도의 자리에 신들리지 않고 내가 기도하는 것, 아침기도 했다고, 점심기도 했다고, 저녁기도 했다고, 밤새워 기도했다고 합니다. 어떤 주체가 무엇을 기도했습니까?

내 이성이 기도했지 성령께서 함께하지 않는 기도는 내 영이 기도한 것이 아니라는 말입니다. 우리는 착각을 합니다. 마귀의 영도 우리 기도의 자리에 와서 함께 하려고 합니다. 그래서 우리의 기도자리 주위를 맴돕니다. 어두움의 영들도 틈새만 나면 우리의 기도 자리에 함께 합니다.

우리가 탐욕을 부릴 때 목표를 세워놓고 어떤 강압적인 것으로 그 자리에 들어갈 때는 거기에 성령이 임하시는 것이 아니라 탐욕의 영이 앞질러서 그 자리에 바로 들어옵니다. 마귀의 영이 그대로 바로 들어옵니다. 가장을 해서 성령께서 하시는 것처럼 별의별 응답 소리도 듣고 보기도 했다고 그래요. 그게 전부 그 세계의 것들입니다. 성령이 한것이 아닙니다. 기도의 세계가 얼마나 무서운지 모릅니다.

기도의 세계는 우리의 살아 있는 영이 기도하는 그런 자리입니다. 살아 있는 영이 기도할 때 살아계신 하나님은 거기에 응답을 해주십니다.

우리가 혼으로 하는 기도, 육으로 하는 기도, 인내하며 어떤 결단으로, 우리의 노력으로 하는 기도가 다 필요합니다. 그러나 그것은 영의 기도로 가기 위한 어릴적 단계이니 결코 거기에 빠지지 알고 일어나라 그 말입니다. 아기들이 수영을 배울 때 물장구치는 것부터 시작을 하는 것입니다. 바로 기도의 세계가 그런 것입니다.

하나님이 함께하는 발걸음

하나님께서 엘리사에게 응답하시고 난 다음에 그분의 역사하심을 보십시오. 바로 이것이 하나님께서 우리에게 보여 주시는 창조적 기도의 맥이고 생명입니다.

하루만에 이스라엘의 온데에 밀가루가 퍼져서 쌓일 것이요, 보리가루가 퍼져 쌓일 것이요, 성경에는 기록되어 있지 않지만 외투들이, 가운들이, 금들이, 은들이, 신발들이, 천막들이, 칼들이, 창들이, 활들이 이스라엘 성에 가득 쌓이리라고. 다 기록하자니 장소가 모자랄 것 같아서, 길 것 같아서 단순히 이 두 개만 이야기한 것입니다.

하나님께서 엘리사를 통해서 선포하고 난 다음에 역사하십니다. 하나님의 역사하심은 참으로 신비합니다. 인간의 이성으로는 도저히 종잡을 수가 없습니다. 문둥이 넷을 동원합니다. 그리고 그들의 마음을 움직입니다.

창조적 기도가 거기서부터 하늘에서부터 시작됩니다. 그 전날까지도 매일 거기 앉아 있었던 문둥이들인데 하필이면 엘리사에게 선언하고 난 다음에 왜 문둥이들에게 희한한 반응이 일어났을까요?

하나님께서 창조적 역사를 그들을 통해서 하셨기 때문입니다. 그들에게 저희들끼리 결단을 하게 합니다.

"여기서도 굶어 죽고 저기서도 죽을 것 아닌가? 성안에 먹을 것이 하나도 없으니 우리에게 줄것이 하나도 없을 것이고 여기 앉아 있어도 죽게 될 것이니 우리 아람 진에 가서 죽게 되면 죽고 살게 되면 살자. 저기 가서 먹을 것을 좀 달라고 그러자."

이 결의는 그들 스스로 내린 지성의 결의가 아닙니다. 하늘 지혜의 움직임입니다.

그들을 일으켜 세웁니다. 오늘 본문 말씀을 밤에 깊이 묵상하면서 '하나님 오늘 한국 교회가, 한국 목사님들이 바로 이스라엘의 성안에 갇혀 있는 이 굶주린 당신의 백성들과 똑같은 처지입니다. 하나님 오늘 창조적 기도 이 자리에서 하늘 문이 열리고 하늘의 역사가 있게 하옵소서. 그들 누구에게나 하늘 역사가 있게 하옵소서. 병든 그들에게, 배고픈 그들에게, 먹을 것이 없는 그들에게, 자식들이 무엇이든 달라고 아우성치는 그들에게 텅 빈 텅텅 빈 그들의 창고에 주님 채우소서!'

제가 이 말씀을 준비하는 밤에 드린 기도였습니다. 우리 속에 있는 문둥이를 일으킵니다. 일어나라, 가라. 여기서도 죽고 거기서도 죽을 테니까 죽으러 가라고 그럽니다. 적진으로 가라고 합니다. 그런데 하나님께서 이 땅에서만 그렇게 역사하신 것이 아닙니다. 지상의 영적 기상도위에 하늘의 영적 기상도가 따로 흐릅니다. 그 다음 어떤 역사가 있었을까요?

그 문둥이 네 사람의 여덟 개의 발바닥이 어떤 효과를 가져옵니까? 마병소리를 내기 시작합니다. 말들의 소리를 내기 시작합니다. 전차부대의 대군단 진격의 소리, 우렁찬 기갑부대의 진격 소리를 내게 합니다. 기마병들이 뛰어가는 소리를 내게 합니다. 말이 울부짖는 소리를 들려줍니다. 제가 하는 말이 아니라 성경에 그렇게 되어있습니다. 그 문둥병자 넷이 여덟 발로 땅을 밟는데 밟는 그 순간마다 땅이 흔들립니다. 하늘이 우레소리로 진동합니다. 울부짖습니다. 아람 군대가 어떻게 되지요? 갑자기 한순간에, 그 한순간이 언제인지 압니까? 성경기록은 두 군데 나옵니다. 황혼 때에 문둥이가 일어납니다. 그리고 땅을 밟고 아람 적군으로 갑니다. 황혼 때에 아람 적군에서는 하늘의 뇌성벽력 같은 수많은 전차 마병들 말들의 소리가 들립니다. 군대들의 아우성소리가 들립니다. 그리고 그들에게 어떤 마음을 심어줍니까?

'이제는 죽었다.' 하고 신발을 찾아서 신을 경황도 없이 맨발로 도주하게 만들었습니다.

엘리사가 드린 창조적 기도에 하나님은 초자연적인 도우심으로 응답하십니다. 그들 왕들과 그들 장관들과 그들 사병들에게 어떤 마음을 심어줍니까? '이스라엘 저놈들이 헷사람들의 왕을 동원해서 돈 주고 그들을 용병하여 우리에게 진격한다. 애굽의 왕들이 이스라엘로부터 돈 받아먹고 군대를 동원해서 원병으로 우리를 치러온다.'

두려움! 공포심을 주었습니다. 두려운 마음만 준 것이 아니라 그들 마음속에 헷사람의 군대와 그 왕들이 진격한다고, 애굽의 왕들이 치러온다고 이름까지, 지명까지, 그들 안에 두려움의 공포를 집어 넣어주기 시작하는 것입니다. 그 사탄들에게 그 마귀들에게 불어 넣어주는 것입니다.

바로 창조적인 우리의 기도, 하나님의 신에 붙잡힌 자녀들이 기도할 때 그런 일이 일어나는 것입니다. 우리가 하는 것이 아니고 그분께서 하시는 것입니다. 문둥이 자신들은 모르고 그냥 터벅터벅 걸어가는데, 밥을 굶어 죽어가는 문둥이의 그 발에 힘이 있으면 얼마나 있겠습니까? 질질 끌고 갔을 것입니다. 우리의 기도가 질질 끌려갈지라도 금식하며 질질 끌려갈지라도 그 속에서 역사하시는 하나님은 천지를 뒤흔들고 땅이 요동치게 하는 것입니다.

죽으러 가는 문둥이들의 그 발자국에 하나님께서 적진에 두려움과 공포를 주어서 이러다가 우리 모두 다 죽는다고 그들 마음이 동요하게 합니다. 두려움을 집어넣죠, 생의 애착을 집어넣죠, 그래서 어떤 일이 일어납니까?

그들이 얼마나 바빴으면 갑옷 그대로 놔두고, 칼 그대로 놔두고, 창 그대로 놔두고, 옛날 군인들이 좋아하는 그들의 애장품인 금, 은, 보화 다 놔두고 신발 거꾸로 신고 도망갔겠습니까? 어떤 사람은 맨발로 갔을 것입니다. 신발 끈을 맬 만한 그런 정신이 있었더라면 그들이 애지중지 하는 조상 대대로 내려오는 금, 은, 보석을 안 가지고 갔겠습니까? 저 같으면 신발 끈 안 매요. 그 귀한 것을 들고 손에만 잡으면 맨발로 도망갈 수 있는데 그걸 두고 갔다는 것은 무엇을 말합니까?

신발 끈 묶을 시간도 없이 하나님이 그들에게 아주 태풍처럼 몰았다는 것입니다. 벼락처럼 그들을 쳐서 혼비백산하게 만들었다는 것입니다.

창조적 기도가 바로 이러한 내용들입니다. 우리의 기도 속에는 비록 조금 전에 말씀했습니다. 다리를 질질 끌고 죽으러 가는, 몇 날을 굶었는지 모르지만 그 문둥병자들 그들의 발자국 소리에 천지가, 땅이 움직이게 한다는 것입니다.

이것이 우리 인간의 힘으로 하는 우리의 능력과 우리의 정력과 우리의 각오와 우리의 계산으로 하는 발걸음입니까? 아닙니다. 하나님 그분이 하는 발걸음입니다.

그러면 기도가 어떻게 되어야 하는 것인지 알 수 있을 것입니다.

우리의 힘으로 우리가 시간 정해 놓고 우리의 능력으로 우리의 결단으로 하는 것은 내가 하는 것이고 그것은 창조적 기도와는 아무 관계가 없다는 것입니다. 창조적 기도라는 것은 하나님의 능력과 권세가 그곳에 임하도록 하는 것입니다.

"하나님이여! 임하소서. 하나님여! 능력으로 역사하십시오." 바로 이것입니다.

창조적 기도의 열매

기도의 자리에서는 신들린 사람이 되어야 합니다. 신들린 사람들을 좋게 표현해서 하나님의 생명으로 기도하는 것을 말합니다.

인간의 무엇으로 기도하지 말라. 그것은 네가 하는 것이지 하나님의 능력이 함께 하는 것이 아니라고 말씀하십니다. 그것을 네가 쌓을 때는 결국 사탄의 교만한 자리에 가게 된다고 하십니다. 사탄의 교만한 자리에서 볼 수 있는 것이 무엇입니까?

내가 봤다, 떴다, 내일, 모레, 내년에. 뭐 이렇게 다 나오잖아요. 그건 전부 혼의 세계에서 나온 것들이며, 사탄의 세계에서 볼 수 있는 사탄의 먹이들이요 유혹의 실체입니다. 하나님의 영의 세계는 하나님의 생명이 살아있을 때에만, 살아 있는 그곳에서만 가능한 것입니다.

지금까지 우리가 육으로, 혼으로 기도했다면 "주님 그것을 내게서 완전히 제거해 주십시오. 아침 햇살에 안개 사라지듯이 제거해 주십시오." 라고 기도해야 합니다. 내 기도가 여러 날을 굶은 문둥이들처럼 바닥을 질질 끌고 가는, 길의 먼지를 긁어가는 그런 기도일지라도 "주님 역사하옵소서. 옛날 아람 적진에 역사하신 것처럼 역사하십시오." 이렇게 할 때 우리의 기도가 역사를 일으킵니다. 아람군대가 신발 끈 맬 여유도 없이 하나님은 몰아 부치십니다. 하나님의 방법을 보십시오. 하나님께서는 하늘의 창문을 열고 이스라엘 성에 가득 쌓아둘 수 있는 식량 공급을 안 하셨더라도 많은 악한 무리들을 통해 이스라엘 문턱까지 식량배급 해 놓으신 그분의 지혜를 보십시오.

자신들이 먹으려고 가져온 그 곡식들, 자신들이 마시려고 가져온 그 물들, 그 자리에 다 놔두고 자신들이 입으려고 한 옷들 거기 다 놔두고, 자신들이 그렇게 좋아하던 그 귀한 보석들을 그 자리에 다 버리고 가버리잖아요.

하나님이 벗기실 때는 발가벗기십니다. 마귀는 벗길 때 입은 것만 가지고 도망가라고 그럽니다. 우리의 기도가 바로 이것입니다.

창조적 기도에 들어갈 때 하나님께서 우리에게 이러한 역사를 일으키십니다.

여기 창조적 기도에 저항한 이스라엘왕의 비서실장인가 호위대장이 어떻게 됐습니까? 하나님이 하늘의 창문을 연다고 해도 그게 가능해? 미친 소리 하지 말라고 할 때 엘리사는 말합니다. "너는 그 곡식을 볼 것이다. 그러나 먹지는 못할 것이다." 그것이 무엇을 말합니까?

하나님의 능력에 거역하는 자는 하나님의 능력을 볼 수는 있을지라도 그 역사가 일어나는 순간에 그 사람이 성문에서 백성들에게 밟혀 죽었다고 그랬습니다.

하나님의 창조적 기도에 반대하는 자, 그걸 부인하는 자, 그들의 일을 우리가 보면 하나님의 능력이 우리와 함께 한다는 그것을 실제로 체험하지 못한 자들은 "야! 하나님이 오늘 하늘에 구멍을 뚫어 가지고 밀가루 쏟아 부어 보라고 해. 이스라엘에 그런 일이 일어나겠는가? 정신 나간 소리 하지 말라"고 합니다.

창조적 기도라는 것은 내가 뭘 한다고, 내가 뭘 만들어 낸다고 하는 것이 아니라는 것을 알게 됩니다. 창조적 기도는 나는 지렁이처럼 기어갈지라도, 힘이 없어 기어가고, 배가 고파서 기도 못하겠고, 졸려서 기도 못하겠고, 무엇인가 어떤 여건들이 시장 바닥 같아서 기도 못하겠고, 조용한 기도의 방이 아니라서 기도 못하겠다고 할지라도 시끄러운 바닥에서, 버스 안에서, 전철 안에서 기도한다 할지라도 그걸 가리지 않습니다.

창조적 기도를 추구하는 그에게는 하나님의 능력은 어느 곳이든, 어느 때든 제약을 받지 않습니다. 그 상대가 인간이 가장 추하게 보는 문둥병자일지라도 그분은 들어서 쓰십니다. 그것을 통하여 일으키십니다.

하나님께서 우리의 창조적 기도에 응답하실 때는 황혼 때에 문둥병자를 일으켜 세우시는 것은 지상의 영적 기상도의 진행이요, 황혼 때에 아람군대에게 하늘의 소리를 듣게 하는 하늘의 영적 기상도의 흐름으로 초자연적인 방법으로 응답해 주시는 것입니다.

앉아서 기도하는 이 순간에 하나님이 지금 이곳에서 나와 함께 하신다고 얕은 생각을 갖는 것이 아닙니다. 이곳에서 내가 기도할 때 하나님께서 나와 함께 하시지만 하나님의 신비한 역사는 저 건너편에서 저 하늘 멀리에서 우리가 상상할 수 없고 생각할 수 없는 일을 하나님께서는 이루어가십니다.

우리가 기도할 때는 꼭 두 곳에서 역사가 일어납니다. 문둥병자들이 거기 갔을 때 적진이 텅텅 비어 있었습니다. 그래서 이 네 사람은 거기서 배가 터지게 먹고 마시고 했지요. 그 다음 창조적 기도의 결과를 이야기합니다.

배고픈 자가 그곳에 가서 실컷 밥을 먹을 것이요, 목마른 자 창조적 기도에서 실컷 마실 것이요, 굶주린 자 다 채우고 난 다음에 눈을 두리번두리번 해보니 금이요 은이요 보석이요 잔뜩 있어 그걸 두고 올 겁니까? 창조적 기도의 열매들입니다.

그 다음 입기 좋은 옷들 그 비싼 외투들 어때요. 문둥병자들이 가져다가 감추어 놓습니다. 한번 가지고 안되잖아요. 또 한번 더 왔습니다. 그리고 난 다음에 그걸 또 갖다 놓게 합니다. 그들에게 하나님께서 또 역사하십니다. "네 이놈들 너희들만 먹고 마시고 다 가질 것이냐?" 마음에 두려움을 주십니다. 그러면서 성경에서 기록합니다.

'오늘은 이렇게 좋은 날, 복된 날, 이렇게 기쁜 날.' 문둥이가 뭐가 기쁜 날이 있겠습니까? 저들끼리의 잔치 자리이지만 그들의 마음속에 어떤 마음을 줍니까? 이 복된 소식을, 기쁜 날이라는 것을 이스라엘 성중에서 굶고 있는 자들에게 전하는 날인 것입니다. 그래서 그들이 성으로 밤에 쫓아가게 합니다. 만약 너희들이 이걸 말 안하면 너희들 혼난다. 너희들 죽을지도 모른다. 하나님께서 마음에 두려움을 줍니다.

그래서 넷이 성문을 찾아가서 파수꾼에게 적이 다 도망가고 적진이 비었다고 그렇게 전했습니다. 성에서 수비대를 보내서 상황 판단하고 텅 비었다는 것을 알자 그 배고픈 이스라엘 백성들이 그곳으로 가서 다 취하게 합니다.

그들이 가져온 곡식들, 금 은 보화들, 의복들, 그들이 가져온 창, 칼, 말들, 나귀들 얼마나 많았을까요?

바로 이런 것들이 오늘 이 자리에서 주께서 우리에게 주시는 그날임을 확신합니다.

이것이 바로 주께서 우리에게 베푸신 우리에게 가장 복된 날이고 가장 기쁜 날이요 주께서 우리에게 하늘 문 열어주신 그런 날입니다.

창조적 기도에 대한 하나님의 마음을 알아야 합니다. 창조적 기도에 대해서 하나님께서 주신 그분의 복을 깨달아야 합니다.

제9장

하나님의 구원의 기쁨

비록 무화과나무가 무성치 못하며 포도나무에 열매가 없으며 감람나무에 소출이 없으며 밭에 식물이 없으며 우리에 양이 없으며 외양간에 소가 없을찌라도 나는 여호와를 인하여 즐거워하며 나의 구원의 하나님을 인하여 기뻐하리로다 주 여호와는 나의 힘이시라 나의 발을 사슴과 같게 하사 나로 나의 높은 곳에 다니게 하시리로다 이 노래는 영장을 위하여 내 수금에 맞춘 것이니라 (합3:17~19)

하나님의 은혜에 잠기는 기도

성령의 역사하심은 우리들의 이성이나 지혜에 있지 않습니다. 성령의 역사하심은 우리 인간이 가지고 있는 '지·정·의' 이것을 훨씬 뛰어 넘어서 역사하십니다. 우리의 '지·정·의' 가 높으면 높을수록, 두터우면 두터울수록, 강하면 강할수록 성령의 역사하심은 방해를 받게 됩니다.

창조적 기도라는 것은 바로 우리의 기도가 진행되면서 하늘의 움직임, 하늘의 영적 기상도가 움직이는 것을 말합니다. 기도할 때 생명이 있는 기도를 할 수도 있고, 기도할 때 죽음을 부르는 기도를 할 수도 있고, 우리 기도의 자리가 시체를 쌓는 자리가 될 수도 있고, 기도의 자리가 시체 속에 하나님의 생기를 불어 넣는 그런 자리도 될 수 있습니다.

그래서 기도를 어떻게 하는 것인지 그것이 아주 중요한 문제입니다. 그러나 그 분이 내게 기도할 수 있는 신실한 신뢰를 허락하시는지 안 하시는지가 어쩌면 더 중요할 수 있습니다.

우리의 기도 속에 하나님께서 내게 베푸신 그 분의 은혜가 그 안에 잠겨 있는가? 기도를 시작할 때 내가 인간의 생각과 뜻과 계획으로 출발하는가 아니면 그분께서 역사하시도록 기도를 시작하는가 하는 것이 중요한 관건입니다.

한 달 동안 목욕을 안 하면 우리 몸에 때가 많이 낍니다. 그러면 때를 밀려고 목욕탕을 갑니다. 마른 수건으로 마른 때를 밉니까? 아니면 욕조에 몸을 한 30분 담근 후에 때를 밉니까?

그런 것은 말하지 않아도 알면서 우리는 기도할 때에 마른 수건으로 마른 때를 그냥 밀어내겠다고 덤벼듭니다.

자신의 기도자리를 가만히 보십시오. 하나님의 능력이 역사하시도록 우리가 기도를 풀어 갑니까? 아니면 마른 수건을 가지고 우리 피부를 비벼서 마른 각피나 떨어지게 합니까?

우리는 기도에 대한 지식들이 없기에, 지혜들이 없기에, 기도에 대한 생각들이 없기에 그냥 장님 길 더듬어 가듯이 막대기 하나 손에 쥐어주면 뚝 뚝 두들기면서 그냥 갑니다.

그걸 우리는 기도 밭이라고, 기도의 길이라고 말합니다.

하나님께서 우리에게 원하시는 기도는 어떤 기도입니까? 장님이 지팡이 들고 기도하는 그런 기도의 마당이 아니라는 것입니다.

우리의 기도는 마른 수건으로 때를 미는 그런 미련하고 어리석은, 그런 조급한 것이 아니고 욕조에 30여분 동안 느긋하게 앉아 있는 것입니다. 욕조에 앉아 있으면 따뜻한 물이 때를 불려 주는 일을 합니다. 그렇다면 기도는 무엇이 일을 해야 합니까?

창조적 기도라는 것이 바로 그것입니다. 성령께서 하시도록 나는 따뜻한 욕조 안에 30분이고 1시간이고 그냥 앉아 있는 것입니다. 그리고 난 다음에 탕에서 나와 그냥 손으로 비벼도 때는 밀려나갑니다. 그런데 왜 우리는 기도할 때 그렇게 하지 않습니까? 앉자마자 마른 수건 꺼내놓고 비비기 시작합니다. 때는 그대로 놔두고 피부가 벗겨지도록 껍데기만 벗깁니다.

기도에 대한 바른 지식과 지혜를 찾아야 되겠지요? 바르게 찾는다는 것이 무엇을 말합니까? 기도는 초능력이 임재하는 현장입니다. 기도는 초능력이 임재 하도록 초능력자에게 간구하는 것입니다.

내가 애를 써서, 내가 무엇을 해서, 내가 기도자리에 앉아서 기도하기만 하면 무엇이든 다 이루어진다면 애써 기도자리에 올 필요가 뭐 있습니까? 내가 해서 된다면 기도자리에 오겠습니까? 바로 해 버리지요. 그래서 모르는 분들에게 가르쳐 줄 의무가 있습니다.

기도할 때 생명이 있는 기도를 하라고, 다시 말하면 기도할 때 창조적 능력이 있는 기도를 하라고 가르쳐 주어야겠지요. 이것을 가르쳐 주지 않으면 어떤 일이 일어납니까?

바로 마른 수건가지고 아무리 비벼본들 안 됩니다. 피만 나고 그래요. 그러니 피부가 살아날까요? 남자는 괜찮은지 몰라도 여성분들 어때요? 피부 껍데기 벗겨지는 게 아니라 살점이 떨어져 나올 것입니다

기도의 자리가 바로 그런 것입니다. 그런데 기도의 자리가 그분이 우리에게 주신 은총이 넘치는 호수라면 그 호수에 들어가기만 하면

그 때부터 기도는 살살 문이 열려지기 시작하는 것입니다. 그 문을
열어가야 합니다.

하나님이 우리에게 두시는 관심

하박국 3장은 우리들이 너무나 잘 아는 말씀입니다. 이것이 어떻게 해서 나오게 되었는가? 기도의 결국은 무엇입니까? 하나님을 일어서시게 하는 것입니다. 일어서서 일하시게 하는 것입니다. 만약 우리가 1시간 기도를 했던, 10시간 했던, 100시간 했던 하나님이 일어서서 일하시지 않는다면 우리 기도는 허공을 치는 것과 같습니다.

아기가 마루에서 혼자 놉니다. 그러면 엄마가 혼자 노는 아기가 안쓰러워서 찬장에 올려놓은 사탕도 갖다 주고 비스켓도 하나 주고 그리고 초코렛도 주고 합니다. 그게 뭡니까? 아이가 잘 놀라고 주는 것이지 그것을 주기 위해서 아기에게 놀고 있으라고 하는 것은 아니지요. 그런데 기도하다가 뭔가 조금 보인다고, 기도하다가 뭔가 좀 들린다고, 뭔가 좀 잡았다고 그래서 기도의 자리에 앉을 때마다 그걸 잡으려고 합니다.

언니들, 오빠들이 학교 가 버리고 꼬마 혼자 마루에서 놉니다. 그 때 아기가 엄마 치마폭 잡고 "엄마 사탕 주세요, 엄마 초코렛 주세요" 하면서 놀지는 않고 엄마 뒤를 그렇게 졸졸 따라다녀 보십시오. 엄마가 나중에 뭐라고 그러지요? 우리의 기도가 이와 같지는 않습니까?

기도의 자리에서 "봤다! 잡았다! 떴다! 들었다!" 자꾸 그것만 찾는 사람이 너무나 많이 있습니다. 기도의 자리에서 그런 일들이 나타나지 않으면 오늘은 기도가 안된 것처럼 여기고 오늘은 기도가 안되는 날이라 말합니다.

기도의 자리는 어린애가 응접실에서 신나게 뛰어 노는 자리가 아닙니다. 사탕 먹는 자리가 아닙니다. 초코렛 먹는 자리가 아니란 말입니다. 뛰어 놀다가 심심해 할까봐 그래서 초코렛 한 조각도 떼어주고 그러는 것입니다.

그런데 거기서 보고 듣고 느낀 것을 "내가 봤다, 들었다, 뭐했다" 하면 그것은 기도를 죽이는 자리가 되는 것입니다. 사탕 먹으면 사탕 먹어서 좋지요. 맛이 있고 좋아요. 초코렛 먹으면 좋아요. 그러나 엄마는 될 수 있으면 아기가 잘 놀 수 있도록 그 옆에 흉기라든가 깨뜨릴 거라든가 하는 아기가 노는데 방해되는 것은 치우고 아기가 마음껏 노는 것에 신경을 씁니다.

하나님은 우리가 기도할 때 기도가 제대로 되도록 주위에 있는 그런 것들을 치우십니다. 어제 아버지가 먹다 만 과자들, 빵들이 응접실 테이블에 있으면 엄마는 아기가 놀 때 얼른 치워버립니다. 아기가 그것을 먹으면 안되니까요. 비만증에 걸리기 쉽잖아요. 아기는 엄마의 관리 안에 들어와 있어야 하겠지요?

많은 사람들이 기도의 자리에서 그러한 것들을 보고 듣고 느낄 때가 있습니다. 그럴 때 마다 안타깝게 생각하지만 영적지도자들은 그걸 안타까운 것으로 보지 마십시오. 그것은 정말 안타까운 것이 아닙니다.

5분만 숨을 멈추어 보십시오. 우리 인간이 5분만 숨을 안 쉬면 병원 갈 필요가 없이 영안실로 직행을 합니다. 응급실에 갈 이유도 없습니다.

기도하는 중에 '떴다, 봤다, 들었다, 사탕 먹었다, 초콜릿 먹었다.' 합니다. 기도하는 사람들이 그것이 없으면 '오늘 기도 헛 했구나.' 잘못 됐다고 그것을 찾습니다. 바로 그 사람의 기도는 죽은 기도입니다. 그가 아무리 떴다 봤다 할지라도 그 기도는 죽은 기도입니다.

기도는 하나님과 교제하는 것이지 사탕이나 먹는 자리가 아닙니다. 초코렛이나 과자 찾는 자리가 아니란 말입니다.

창조적 기도라는 것은 하나님의 영이 우리의 기도에 오셔서 역사하시도록 우리를 펼쳐 놓는 것입니다. 주님이 내 기도에 오셔서 역사하십니다. 높은 수준의 기도를 말합니다.

3장에서 하박국 자신이 하나님과 더불어 얼마나 진지한 싸움을 하는지 모릅니다. 자신을 이기는 싸움입니다.

믿음에 대해서, 신앙문제에 대해서 하박국이 얼마나 하나님과 다투는지, 하나님과 다투어야지요. "하나님 우리 백성이 저렇게 악한 일을 하고 있는데 왜 그냥두십니까? 언제까지 그냥 두실 겁니까? 하나님의 공의로우심과 하나님의 심판은 어디가 있습니까? 왜 악을 징

벌하지 않습니까?" 그렇게 나옵니다. 이번에는 하나님이 바벨론을 들어서 이스라엘을 치려고 합니다. 그때 또 하박국이 또 덤벼듭니다. "하나님 바벨론은 우리나라보다 얼마나 더 악한데요. 이방종교 이방신을 섬기는 사악한 자들입니다. 그들이 우리보다 훨씬 더 악한 무리들이고 저주받은 무리들인데 왜 그들이 우리를 쳐야합니까? 우리를 치려면 우리 보다 선한 나라들, 선한 민족들이 치러 와야 되지 않습니까?"

우리가 생각해도 하박국 말이 맞잖아요. 저도 참 혼란스러울 때가 있습니다. 야단을 치려면 훨씬 더 높은 사람, 훨씬 더 지혜로운 사람, 훨씬 더 뭔가 나은 사람이 야단을 치면 좋은데 꼭 야단을 칠 때는 엉뚱한 사람을 데려다가 야단을 쳐요. 아무리 봐도 저 사람은 나보다 백배 못하고 나이도 적고 배운 것도 모자라고 인품도 모자라고 지식도 모자라고 돈도 모자라고 생긴 것도 못생겼고 말도 제대로 못하는데 왜 저 사람이 와서 나한테 야단을 하느냐고, 이왕 야단을 치려면 잘 생긴 사람 똑똑한 사람이 와서 야단을 칠 일이지, 아니면 천사를 보내서 야단을 치게 하시면 내가 하나님이 오신 줄 알고 무릎 꿇고 들을 텐데 거지같은 사람을 보내서 야단을 친다고 할 때가 있습니다.

바로 하박국이 그렇게 합니다. 그러자 하나님께서는 "내가 그들을 치리라"고 하박국에게 말씀하십니다.

하나님의 역사하심을 두고 어쩌면 우리는 우리가 하나님보다 더 현명하다고 주장하는 것입니다. 우리는 실제 증거를 앞에 두고 말하니까요. 하나님은 실제 증거를 우리 앞에 제시하시지 않습니다.

우리의 실제 증거를 이야기 해보겠습니다.

우리가 살다보면 너무 고통스러워서 "하나님 있으면 나와 봐." 할 때가 있습니다. "내가 이렇게 고통을 당하고, 내가 이렇게 멸시를 당하고, 내가 이렇게 파산이 돼 있고, 내가 이렇게 병원에 입원해 있고, 내 가정이 이렇게 고난을 당하는데, 우리 교회가 월세도 못 내고 교인들이 한 사람 왔다가 두 사람 물고 가버리니 어떻게 하라는 것입니까."

"설교 한번 맘에 들지 않으면 너댓 명이 우르르 모여서 그냥 도망가 버리고, 하나님 왜 이럽니까? 내가 뭐 잘못했습니까? 내 현실을 보십시오. 내가 거짓말 합니까?"

우리는 눈에 보이는 현실을 가지고 그분께 대듭니다. 그러면 아버지가 회초리를 듭니다. 잘못한 아들에게 종아리 걷으라고 하고 회초리로 때립니다. 아버지가 왜 회초리를 들었을까요? 아들의 잘못된 습성을 고치기 위해서 회초리를 들었습니다. 그런데 옆에서 보는 어머니는 아들하고 꼭 같은 마음입니다. 어떤 마음인가요?

아버지가 회초리를 드는 근본적인 정신은 생각하지 않고 "아이고 아들 종아리가 부르트네. 아들 종아리에 피가 나네. 매정한 양반, 저 무식한 양반 아들 죽인다."고 그럽니다.

그 부인의 말을 듣고 매 맞는 애는 "내가 크기만 해봐. 내가 어른만 되면 아버지 늙어서 70이 되면 엎어치기 해버릴 거야. 두고 봐." 그러잖아요.

아버지의 마음은 아들이 얼마만큼 피를 흘리고 살점이 떨어지는지에 있는 것이 아니고 아들의 나쁜 습성이 이 매를 통해서 고쳐질 것인지 고쳐지지 않을 것인지에 관심이 있는 것입니다.

하나님이 우리 교회를 향해서 고통과 어려움이 있게 하실지라도 하나님의 관심은 고통과 어려움보다 네가 나와의 관계가 바로 되어 있는지 그걸 물으신다는 것입니다.

하나님이 우리에게 경제적인 빈곤과 또는 육체에 질병을 주십니다. "예수님 안 믿어도 사업이 잘되고 부자 되는데 예수님 잘 믿고 새벽기도 잘나가고 밤마다 와서 기도하고 교회에 열심히 봉사하고 열심히 잘하는데 이게 왜 이럽니까? 차라리 안 믿는 사람이 더 잘사니 나도 안 믿을래요." 그렇게 마음을 먹을 수 있지요.

그러나 하나님께서 우리에게 관심을 두시는 것은 그의 가난함이 아닙니다. 그가 얼마만큼 고통을 당하고 있는지가 아닙니다. 그가 얼마만큼 병원에서 피를 흘리고 있느냐가 아니라 그가 나와의 관계를 제대로 하고 있는지 아닌지 그것에 더 관심이 있으신 것입니다.

하나님과의 신실한 관계

믿음의 경륜이 10년, 20년, 30년, 40년, 50년, 60년 된 분들이 계십니다.

여러분의 믿음의 경륜이 긴 만큼, 60년일 경우에 매일 왔다 갔다 하니 그 길이 잘 다져져서 닳고 닳아 맨질맨질 하지 않을까요?

하나님이 지금 그것을 수술하시는 것입니다. 그걸 엎으려고 하십니다. 10년간 걸어 다녀서 다져진 길의 바닥의 두께를 한자라고 가정합시다. 한자 하면 30cm이지요. 20년간 걸어 다니면 60cm, 30년간 걸어 다녔으면 얼마만큼 두꺼울까요? 90cm. 그렇지요? 우리의 길이 1m 만큼 두꺼운 길입니다. 씨앗 뿌려 보세요. 그 씨앗이 뿌리 내릴 수 있을까요?

실제로 씨앗이 뿌리를 내릴 수 있는 환경은 어떤 것입니까? 굳은 땅은 불가능합니다. 10년 된 30cm의 두께를 쟁이로 갈아엎어야 됩니다.

갈아엎지 않고는 창조적 기도가 있을 수가 없습니다. 하나님의 능력의 씨앗이 거기에 자리를 차지하지 못하니까 우리는 10년 믿고 10년 기도했다고, 30년 목회하고 30년 집에 안 가고 교회에서 강대상 밑에서 기도했다고 합니다. 30년 기도했다면 그 강대상 밑의 두께는 얼마만큼 될까요? 90cm 그렇지요? 90cm의 두께를 파헤치지 않고서는 하나님의 창조적 기도의 씨앗은 그 강단에 뿌리 내려질 수가 없습니다.

내 믿음이 50년이요, 50년 잘 믿었습니다. 그러면 당신이 왔다 갔다 한 그 길이 어떤 길이요. 1m 50cm의 두께지요. 1m 50cm의 두께가 삽질가지고 되겠습니까? 곡괭이 가지고 될까요? 포크레인이 동원되어야 하지 않겠습니까?

오늘 하나님께서 여러분들한테 대형 포크레인 동원하기를 바랍니다. 대형 포크레인 동원해서 파헤치길 바랍니다. 내 기도가 하나님의 능력을 갖도록 하기 위해서, 내 기도에 하나님께서 임하시도록 하기 위해서 대형 포크레인을 동원해야 합니다. 이러한 숨어있는 비밀을 알지도 못하고 우리가 기도할 때는 금방 믿은 사람은 응답도 잘 해주고 다 잘 되게 해 주는데 나는 왜 그럴까? 미운털이 박혔는가?

그렇게 말할 수 있습니다. 그건 어머니의 마음이나 하나님의 마음이나 어쩌면 똑같지 않을까요? 어린 아기들은 배고프다고 울기만 하면 어머니가 즉시 젖꼭지를 물려줍니다. "왜 우니?" 하고 배고프다는 아이를 때리는 엄마 보셨습니까? 초신자들, 아직 믿음이 제대로 들어가지 못한 어린아이 같은 신자들은 하나님께서 무조건 울기만 하면 젖꼭지를 물려줍니다. 뭐든지 다 들어 줍니다.

그러나 성숙한 사람들의 기도 자리는 바로 하박국의 기도가 되어야 하겠습니다.

하박국의 기도가 무엇이었습니까? 하나님과의 신실함입니다. 하나님과의 신실한 관계는 "나는 하나님을 믿습니다." 그렇게 표현을 잘합니다. "나는 하나님을 사랑합니다." 라는 표현 참 멋집니다.

뒤집어 놓고 생각해 볼까요? 하나님이 나를 믿으실까? "너는 신실한 자라. 나는 너를 믿을 수 있다. 너는 위선자가 아니다. 나는 너를 믿을 수 있다. 너는 가룟 유다 같이 물질을 추구하는 자가 아니다. 나는 너를 믿을 수 있다." 이런 하늘의 음성을 여러분 들을 수 있습니까?

그것 없이는 하나님과의 관계는 애초부터 막혀 있지요. 애초부터 우리의 인간적인 면에서 지,정,의 라는 측면에서, 우리의 인격적인 수준에서 사회의 율법과 윤리와 도덕적인 규범을 넘어설 수 있습니까?

종교적인 차원에서 사회인들보다 더 선한자리에 갈 수 있습니다. 사악한 생각을 품지 않고 남의 것을 도적질 하지 않고 그런 마음을 가질 수 있습니다. 그러나 그것이 하나님하고 어떻다는 것입니까?

그런 것은 다른 일반 종교에서도 교육하고 실천하고 있습니다.

일반 종교는 생명이 없는 종교로 봅니다. 만들어 놓은 목상이나 석상이나 주상 앞에 가서 복을 달라고 그러지요? 그러나 하나님은 살아 있는 분입니다. 살아 있는 분과 살아 있는 영과의 관계는 지금 이 순간에도 맥이 통하는 그런 관계가 되어야 하겠습니다. 맥이 통하는 그런 관계가 아니라면 그분의 이름을 불러도 아무 관계가 아닙니다. 맥이 안 통하니까 아무런 소용이 없는 것입니다.

끊어진 파이프에 제아무리 기름을 쏟아보십시오. 그것이 탱크까지 갈 수 있는가. 끊어진 파이프이기 때문에 탱크까지 흘러 들어가지 못하고 땅바닥에 쏟아지겠지요?

하나님과의 관계는 생명의 파이프라인이 연결이 되어 있어야 합니다. 생명의 파이프라인이 뭡니까? 바로 신뢰입니다. 나는 너를 믿을 수 있다. 그럴 때 하나님은 분연히 일어나십니다.

창조적 기도라는 것은 하나님을 일어나시게 하는 기도입니다. 하나님을 일어나시게 하는 그 첫 출발이 무엇인가요? 신실한 믿음입니다. 신뢰하는 믿음입니다. 신뢰하는 믿음이 없이 하나님과의 관계에 제대로 들어갈 수가 없습니다. 그곳에는 생명의 관계가 없으니 말입니다.

우리는 하나님의 진노하심을 봅니다. 하나님의 진노하심은 어떤가요? 우리 인간의 선한 것보다 천 배, 만 배 말로 표현할 수 없을 만큼 거룩합니다. 하나님의 거룩하심을 볼까요?

우리 인간이 거룩할 수 있는 그 거룩함과는 다른 차원의 거룩함입니다. 그런데 우리는 선하다든가 거룩하다든가 하는 인간이 가지고 있는 수준가지고 그 분에게 가까이 가려고 합니다.

그것과 이것이 연결이 될까요? 순결한 성품과 불결함이 들어가 있는 성품과 연합이 될까요? 그건 꿈도 꾸지 마십시오. 나는 인간으로서 최선을 다해 선하고 거룩한 자리에 있고, 나는 인간으로서 최선의 희생을 하고 최선의 헌신을 하고 겸손하다고 하는 그것 역시 인간이 갖고 있는 최선일 뿐입니다.

하나님이 갖고 계신 지고의 선과 지고의 거룩함과 지고의 공의와는 아무 관계가 없는 것입니다. 그것 가지고 기도의 자리에서 파이프라인이 연결되기 바라는 것은 어림도 없는 소리입니다. 애초부터 그건 잘못되어 가는 것입니다.

인간의 지혜를 가지고 이렇게 기도하면 되겠지, 인간의 지혜를 가지고 그분께 가까이 갈 수가 있을 것이라고 생각합니다. 그러나 한번가 보십시오. 인간의 지혜와 하나님의 지혜가 비교가 되겠습니까? 어림도 없는 소리입니다. 우리는 인간의 물질을 가지고 그분에게 갈 수도 있습니다. 우리 인간의 물질이 많은들 그가 가지고 있어봐야 얼마나 가지고 있겠습니까?

얼마 전에 신문에 한 사람이 집을 70채인가 가지고 있다고 보도했습니다. 그 사람이 700채 가지고 있다고 그럽시다. 그렇다 한들 그의 부와 하나님의 부가 상대가 될까요? 어림도 없지요.

그분 안에는 우주의 모든 부요함이 다 있다고 했습니다. 우리 인간들은 자신이 가지고 있는 그 눈썹만한 조그만 부를 가지고 서로 도토리 키재기를 합니다.

영혼을 구하는 기도

하박국은 우리에게 말합니다. "하나님이 나를 믿을 수 있는가?" 거기에 대한 대답이 오늘 이 시간 우리에게 필요합니다. 정말 믿을 수 있는가? "하나님 나 이 일을 하고 싶습니다." 하고 우리들이 기도했을 때 하나님이 우리들을 믿고 들어 주실까요?

아들이 사업한다고 아버지에게 10억을 달라고 합니다. 평소에 아버지가 신뢰하던 아들이라면, 믿음이 가는 그 아들에게 아버지는 돈이 없으면 은행에 가서 대출이라도 받아서 주겠지요. 하지만 믿지 못하는 아들이 와서 "아버지 백만 원만 주십시오." 하면 "너 그 돈 가져가서 술 먹으려고 그러지" 하고 아버지는 돈 없다고 거절합니다. 진짜 돈 없어서 안 줄까요? 그런 돈은 안 갖고 있다는 말입니다. 자식이 흥하고 부하게 하는 그런 돈은 아버지가 갖고 있어도 자식이 시궁창으로 들어가고, 술집으로 들어가고, 마약을 해서 망하게 하는 그런 돈은 안 주시겠다는 말입니다.

창조적 기도가 바로 그런 것입니다. 아버지께서 "이 기도는 응답해 주어야 하겠다." 그런 기도가 있는 곳이 바로 창조적인 기도입니다. 만일 지금 부모로부터 상속받은 아파트 10채를 가지고 있다고 합시다. 그거 두고 보십시오. 얼마나 가는 가 보십시오. 얼마 안가지요? 자기 스스로가 만들지 않은 재산과 물질에는 그렇게 애착이 없습니다.

창업주의 마음과 상속자 2세의 마음이 그렇게 다릅니다. 창업주는 무일푼으로 일으켜 세워서 긁어 모으고 긁어 모은 재산입니다. 잠도 안자고 부를 축적 합니다. 2세, 3세들은 모아 놓은 아버지 돈 어떻게 하면 신나게 쓸까 궁리합니다. 아버지의 돈에는 증식시키는 생명이 있지만 그 후세들의 돈에는 그 안에 생명이 들어가 있지 않습니다. 단순히 이용하고자 하는 방편으로 생각합니다.

하나님께서는 기업을 일으키는 창업자입니다. 우리의 교회를 일궈주시는 창업자라고 생각을 하면 됩니다. 그분이 우리에게 어떻게 가까이 오는가?

회사가 살 수 있는 길은 회사를 위해서 내가 죽는 것입니다. 회사를 위해서 내가 죽으러 갈 때마다 회사는 살아납니다. 그러나 내가 살기 위해서 회사를 죽인다면 회사는 날이 가면 갈수록 죽어가게 됩니다. 그것이 바로 회사를 살리는 자와 회사를 죽이는 자의 차이입니다.

우리가 죽으러 기도의 자리에 들어갈 때마다 하나님께서 살려서 내보내십니다.

그러나 기도의 자리에서 "난 기필코 저것을 빼 올 거야." 나아만을 향해서 쫓아가는 엘리사의 제자 게하시처럼 "우리 엘리사 선생이 그가 가져온 금, 은, 옷, 갖가지 보물 하나도 안 받고 치료만 해주고 그냥 보냈어. 난 안 그래. 난 기어코 쫓아가서 탈취해 오리라." 하는 것과 똑 같습니다. 그러자 어떻게 됐지요?

그는 손에 두 달란트의 은화를 쥐고 옷 두벌을 가졌습니다. 그러나 은 두 달란트를 쥔 그 손과 두 벌의 옷을 입고 있는 그 몸은 그 순간에 문둥병이 되었지 않습니까? 내 몸이 문둥병이 되는 것을 택할 것입니까? 아니면 온전한 성한 몸을 택할 것입니까?

기도의 자리는 바로 그런 자리입니다. 기도의 자리에서 게하시처럼 "난 취할 거야, 난 빼앗을 거야, 난 가질 거야. 오늘 이 기도의 자리에서 난 갖지 않으면 안 돼." 그럴 때마다 엘리사의 음성이 들려와야 합니다.

'내 심령이 네게 느껴지지 않는가?' 제자를 향한 스승의 진실한 사랑의 통탄입니다.

우리 기도의 자리는 게하시의 기도 자리가 되어서는 안 됩니다. 게하시의 기도 자리는 탐욕의 자리였습니다. 게하시가 얻지 못했다는 것이 아닙니다. 얻었습니다. 금화도 은화도 옷도 물질도 모두 얻었습니다.

그 대신에 그가 무엇을 잃었습니까? 영원한 그의 본체를, 그의 생명을 잃어버렸습니다. 엘리사가 한 말입니다. 지금이 생명을 구하는 때이지 금과 은을 구할 때인가? 소를 가서 취할 때인가? 말을 취할 때인가? 집을 취할 때인가? 토지를 취할 때인가? 바로 지금은 영혼을 구하는 때라고 말합니다.

"이방 장관 한 사람이 하나님을 섬기게 되면 그가 가서 얼마나 많은 사람을 구원하겠는가? 그런데 넌 어찌 하나님 일을 가로 막고 서느냐? 그가 여기에 떨쳐버리고 간 문둥병이 너한테 옮겨가리라. 너만 아니라 네 자자손손 문둥병이 흘러들어 가리라."

앞장에서 말한 대로 우리는 기도의 자리에 들어갈 때마다 "기도하러 왔습니다." 하고 마른 수건 가지고 기도하는 어린아이 기도 단계는 이제 지나갔습니다.

이 시간 이후로 게하시의 기도는 다시 하지 않기를 바랍니다. 게하시의 기도를 할 때 육체에 필요한 것들은 얻을 수 있습니다. 그러나 엘리사의 말을 기억하십시오.

"내 심령이 네게 느껴지지 않던가? 지금이 어느 때인가? 너희의 기도는 하나님의 뜻이 이 땅에 이루어지도록 기도하는 자리 아닌가?"

그런 기도가 성숙한 기도입니다.

내게 베푸신 하늘의 은혜

주제 핵심으로 함께 가봅시다.

비록 무화과 나무가 무성치 못하며, 포도나무에 열매가 없으며, 감람나무에 소출이 없으며, 밭에 식물이 없으며, 우리에 양이 없으며, 외양간에 소가 없을지라도 여기까지는 아무것도 아닙니다. 눈에 보이는 핵심은 그 아래입니다.

많은 사람들은 이 윗부분, 없어지는 부분이 참 중요한 것으로 생각을 하는데 그건 아닙니다. 그건 허상이오, 그건 껍데기요, 눈에 보이는 것입니다. 그 밑을 가만 보십시오.

"나는 구원의 하나님을 기뻐하고 즐거워하리라." 멋진 결론을 하박국이 이끌어냅니다. 그것들은 하나님께서 한번만 껌벅하시면 그 모든 것은 차고 넘치게 되리라. 그것의 근원이 어디인가? 그것을 실제로 가능케 하는 근원이 어디인가? 나는 그 근원을 찾아내겠다는 것입니다.

"나는 구원의 하나님을 기뻐하고 즐거워하고 찬송하리라." 이것이 모든 것을 가능케 하는 열쇠입니다. 하나님 그분이 일어나서 "너 잘 안되냐? 일어나서 내 창고 열어라. 너 필요한 것 다 가져가라." 하나님이 우리에게 주시는 운반차가 8톤 트럭일까요? 보잉 747 그 조그만 비행기일까요? 하나님이 우리에게 주시는 부는 상상을 할 수가 없습니다.

오래 전에 은하철도 999 라는 만화가 있었지요? 하늘에 있는 철도는 레일도 필요없습니다. 하늘에 기관차 하나 놓고 거기에 화차 몇 개 달면 좋겠습니까?

하나님의 창고에서 화물차가 발송할 때는 그 객차의 칸은 무한대입니다. 달고 싶은 대로 달 수 있는 것입니다. 하나님은 아까워하지 않습니다. 그게 바로 창조적 기도의 자리입니다.

그렇다면 우리의 기도가 어떻게 되어야 하는가를 이제 조금 감을 잡으시겠습니까? 무화나무가 무성치 못하고 포도나무에 열매가 없고 감람나무에 소출이 없고 우리의 채소밭에 채소가 없고 외양간에 소가 없고 그것은 우리가 보는 것입니다.

그것을 가능케 하는 주관자가 누군가 그것을 보아야 합니다. 내가 신실히 신뢰하는 하나님이라는 말입니다. 하나님을 우리가 신실하게 신뢰할 때 우리의 춤은 어떻게 되지요? "나는 내 구원의 여호와로 인하여 기뻐하고 즐거워하고 춤추리라."

기도의 자리에서 일어날 때 우리는 "역시 우리 하나님은 멋쟁이야." 말할 수 있어야 합니다.

사랑하는 사람끼리 만났을 때 옆에 있는 친구가 "야, 네 애인 참 멋쟁이다. 네 애인 어쩌면 그리 멋쟁이니?" 하며 부러워합니다.

그분이 우리의 멋쟁이 애인이 되어야 해요. 진실로 우리의 상사병의 대상자이십니다. 내가 가지고 있는 모든 것을 내 사랑하는 사람에게 아낌없이 줄 수 있는 그런 분입니다. 최상과 최고의 것을 주기를 원하는 분입니다.

그분을 가장 가까운 하나님으로 모시고 있습니다. 옆에서 기도하는 사람이 "그 하나님을 나한테 소개시켜 주지 않을래?" 할 수 있을 정도가 되어야 합니다.

말씀이 진행되는 동안에 하나님 그 분의 영이 우리 속에 그대로 역사를 하십니다. 말씀을 듣고 들은 것을 비닐 보자기에 싸가지고 가서 먹는다고 하며 가져면 안됩니다.

만나가 하루 밤 지나면 어떻게 된다고 했습니까? "벌레가 생기더라." 하나님의 하늘의 양식은 즉시 제자리에서 먹으라는 것입니다. 가져가다 집에 놓고 하루 밤 지내보십시오.

"그 만나에 냄새가 나고 구더기가 있더라." 그 말입니다.

하나님의 말씀을 그 자리에서 바로 뜨끈뜨끈하고 신선하고 깨끗하고 좋을 때 오염되지 않을 때 그 자리에서 먹으라는 것입니다.

하나님 말씀은 절대 인간의 방부제가 들어가면 안 됩니다. 하나님의 말씀은 인간의 조미료가 들어가면 절대 안 됩니다. 썩기 시작하지요. 하나님의 말씀은 순수한 그대로 순두부가 되어야 합니다. 순두부는 즉시 그 자리에서 요리해야 합니다.

말씀에 감동을 받으면 마치 광부가 광산의 광맥을 파고 들어가듯 계속해서 깊이 깊이 광맥을 찾아갑니다. 그 안으로 파고 들어가서 캐내는 보석들은 매 순간마다 새로운 것이고 또 다른 것입니다.

이것 하나만 기억해 주시면 좋겠습니다. 우리의 지혜와 지식과 경험과 생각은 하나님 그분에 비해서는 아무것도 아닌 것을 우리 스스로 확인을 해야 합니다. 기억해야 합니다.

그리고 난 다음에 그분이 내게 주신 최악의 상황이라도 그것은 그분이 내게 베푸신 하늘의 은혜임을 아십시오. 그것을 통해서 그분은 내게 뭔가 역사하실 것이 있습니다.

요셉이 형들로부터 맞아 죽을 자리에 들어갔고, 요셉이 형들에 의해 웅덩이에 빠졌고, 요셉이 형들 계산으로 팔려서 노예로 끌려가고 그랬지요? 요셉의 그 형편을 볼 때는 고난과 재난과 죽음의 연속들이었습니다. 저주의 인생들이라고 생각을 했겠지요?

그러나 하나님께서 요셉을 향한 그의 지고한 선의 뜻은 무엇입니까? 그 풀무과정을 통해서 그를 닦고 다듬고 연단시켜 왔습니다. 순금을 만드는 하나님의 배려였습니다.

하나님이 우리에게 현실의 삶에서 가장 가난한 자리, 가장 아픈 자리, 가장 눈물 흘리는 자리, 가장 시베리아 같이 찬바람이 부는 그런 자리에 우리를 앉혔다 할지라도 그것은 하나님께서 내게 주신 지고의 사랑이라고 생각을 하십시오. 하나님께서는 그것을 통해서 가장 좋은 때에 가장 좋은 장소에서 가장 좋은 방법으로 다시 재기 하게 하십니다.

Good Time, Good Place, Good Way! 하나님을 확신하십시오.

가장 좋은 시기에 가장 좋은 장소에서 가장 좋은 모습으로 우리에게 옵니다. 이 말씀이 들려지는 지금 가장 좋은 여러분들의 한 해가 될 것입니다.

19절을 보십시오. 주 여호와는 나의 힘이라. 나를 사슴 발같이 해서 내 인생을 지고한 자리로, 가장 높은 자리로 나를 이끌어 주십니다. 주 여호와는 나의 힘이라, 나의 능력이라, 그 분은 나의 구세주라, 그 분은 나의 피난처라. 나의 치료주라, 나의 모든 것을 치료해줍니다. 하나 확실히 할 것이 있습니다. 그 분은 나의 구세주라고, 그 분은 나의 사랑이라고 할 때, 이 노래가 우리의 기도의 자리에서 펼쳐질 때 그 분은 일어나십니다.

그리고 "얘야 일어서라. 나와 더불어 가자. 너의 그 아픈 현장에 지금 문제의 자리에 내가 가마. 내가 어떻게 하나 너는 가만히 봐라." 하나님께서는 너 혼자 가서 하라고 하지 않습니다.

"내가 너와 동행하마." 하나님은 참 멋쟁이 하나님입니다. 이런 하나님을 세상의 썩어질 가짜하고 바꾸시겠습니까? 말도 안되지요. 어림도 없지요. 멋진 하나님과 동행하는 여러분 되시기를 우리 주님의 이름으로 축복합니다.

제10장

온전히 준비하라

내 눈을 열어서 주의 법의 기이한 것을 보게 하소서 (시119:18)

내 소유는 이것이니 곧 주의 법도를 지킨 것이니이다(시119:56)

영적 탐욕의 올무

시편 119편 18절은 바로 창조적 기도의 한 부분의 뿌리가 되는 구절입니다. "내 눈을 열어 주의 법의 그 기이한 것들을 보게 하소서."

이렇게 우리의 기도와 간절한 바람대로만 된다면 우리는 더 이상 걱정하거나 주저하거나 슬퍼할 일이 없겠지요. "내 눈을 열어 주의 법의 기이한 것들을 보게 하소서. 알게 하소서. 깨닫게 하소서."

이 말씀은 어쩌면 우리 인간의 가장 큰 소망일 것입니다. 더욱이 왕의 영화를 찾아야 할 성직자들, 영적 지도자들, 영적 스승들에게는 이것보다 더 관심을 가져야 할 것이 없으리라고 생각이 듭니다.

우리가 "내 눈을 열어주소서" 라고 진지하게 기도하는 것은 하늘의 섭리 즉, 하나님의 마음을 알아 하늘의 뜻을 이 땅에 이루게 함이요, 그것으로 하나님께 영광을 돌리려 함입니다. 그러나 기도에서 어두운 부분이 있을 수 있으니, 그 기도에 주의 은사나 능력과 신비한 세계를 보게 해 달라고 하는 어떤 영적 탐욕이 들어갈 수도 있다는 것입니다.

"내 눈을 열어 주소서"하는 기도에는 무엇이 들어가 있습니까?

"열기만 열어봐. 그곳에 가서 보고 좋은 것 다 가져 갈 거야."

"눈만 열려봐. 제일 좋은 것을 다 찾아다닐 거야."하고 있는 것은 아닐까요?

우리가 창조적 기도를 할 때도 그 기도에 올무가 있을 수가 있습니다. 무엇이든지 보이게 하소서, 무엇이든지 나타나게 하소서, 무엇이든지 생기게 하소서, 무엇이든지 다 이루어지게 하소서 하는 기도 뒤에 숨어있는 사탄의 올무들을 봐야 합니다.

창조적 기도를 할 때는 무조건 내가 기도한 것이 이 땅에서 그대로 실현되게 해 달라는 그런 욕심이 우리 생각에 쫙 깔려 있습니다. 다른 사람이 일백이라는 은혜를 받았다고 하면 "하나님, 저는 그것만으로는 안 돼요. 이백 주십시오" 합니다. 비교하고 경쟁하는 데까지 들어가는 것이지요.

그것이 바로 사탄이 우리에게 주는 큰 탐욕의 세계입니다. 하나님의 은혜의 세계에서도 언제나 사탄은 낚시 바늘을 드리우고 있습니다. 이 사탄의 세력들은 미끼 속에 낚시 바늘을 숨기고 우리들이 걸려들기만 기다리고 있습니다.

그래서 창조적 기도에 들어가게 될 때 주의할 것은 우리가 하나님으로부터 무엇을 받는가 하는 것과 함께 기도에 들어갔을 때 사탄의 올무에 걸리지 않게 주의해야 합니다. 영적 분별력을 가져야 합니다.

내가 40일 금식기도를 해서 하늘을 뚫어 하늘의 창고에 구멍을 낸

다음 기가막힌 은사를 받아 가지고 집으로 와서 지하실에 조그만 방(공간)을 얻고 그 때부터 온데 전화 돌립니다. 내가 기가막힌 하나님의 은혜를 받아 왔으니까 와보라고, 예언도 하고, 병도 고치고, 말씀도 듣고 하라고 벌써부터 사탄은 시작을 합니다. 하나님이 주신 은혜를 돈 만드는 도구로 사용해서 물질을 추구하려고 합니다.

하나님이 그에게 은사 준 것은 그런 일을 하라고, 예수영업 하라고 준 것이 아닙니다. 잘못하면 내게 창조적인 능력과 권세 주신 것을 영업장에 신상품 개발이라고 내세울 수가 있는 것입니다.

그것이 바로 사탄의 가장 큰 올무입니다. 차라리 그가 은혜를 받지 않았더라면 사탄의 올무에 걸리지 않았을 것입니다. 그래서 많은 사람들이 사탄의 올무를 생각지 않은 채 뭔가를 계속해서 찾아 가는 것을 봅니다.

창조적인 세계에서도 마약 중독 같이 중독 현상이 일어날 수 있습니다. 그래서 "내 기도 그대로 이루어 주십시오. 내 눈을 열어 보게 해주십시오." 하는 기도에 꼭 필터를 달아야 합니다. 말씀의 거울에 조명할 것입니다.

"주의 법의 기이함을 알게 해 주십시오." 주의 법의 기이한 것이 무엇입니까? 거기에는 갖가지가 다 들어 있습니다.

이렇게 하면 하나님의 축복권에 들어가게 되고 저렇게 하면 하나님의 축복권에서 벗어나게 된다, 이렇게 하면 바른 길을 갈 수 있고 저렇게 하면 악한 길을 가게 된다 그런 것들을 우리에게 다 가르쳐 주십니다.

그래서 하나님의 법의 기이한 것을 깨달을 수 있는 것이 왕의 비밀을 갖는 것입니다. 왕의 가장 큰 무기가 무엇일까요? 하나님의 법의 비밀을 그가 쥐고 있는 것입니다. 하나님의 법의 비밀을 안다는 것입니다.

하나님의 법에는 헤아릴 수 없는 신비의 숨겨진 비밀들이 하나님의 섭리 속에 밤하늘의 별처럼 빛나고 있습니다.

아기가 태어나면 빛을 봐도 빛인지 모릅니다. 어둠이 무엇인지 밤이 무엇인지 낮이 무엇인지 모릅니다. 하지만 자라면서 어둡다고 불을 켜 달라고 합니다. 애초에 태어날 때는 빛이 뭔지 알지 못하지만 조금씩 성장해 가면서 빛의 존재를 알게 되고 빛의 가치를 알게 됩니다. 그런 어린아이 같던 기도가 성숙해지면서 창조적 기도 과정을 거치게 되는 것입니다.

우리가 기도해야 할 것은 "하나님 내 눈을 열어 주십시오. 하나님 내 귀를 열어주십시오." 그렇게 기도를 해야 합니다.

내 영이 무엇을 원하는가? 스스로 자문하고 답을 얻는 자만이 하나님의 창조적 기도의 비밀자리에 들어가게 되는 것입니다. 세상 사람들이 생각하는 것 가지고, 탐욕과 탐심과 무엇인가 이루어야 하겠다는 성취욕을 가지고 그 자리에 들어가면 그것은 백번이면 백번 다 사탄의 올무에 걸리고 잡히게 됩니다.

은사자들은 무엇을 바랄까요? 조금 더 높은 은사를 바라겠지요. 능력자들은 조금 더 강한 능력을 원할 것이고, 예언자는 조금 더 환하게 조금 더 자세히 보기를 원할 것입니다.

거기서부터 벌써 사탄의 탐욕이 쫙 자리를 깔고 있습니다. 잘못하면 거기에 걸릴 수 있습니다.

왕은 여기에 걸리면 안 됩니다. 이런 것이 있다는 것을 백성들에게 가르쳐 주어야 합니다. 거기에 걸리면 빠져 나오기 위해서는 죽음보다 더 능한 기적이 있어야 합니다.

마약 중독자들이 살아남는 길은 정신병동에 넣어 격리키는 것입니다. 독방에 집어넣습니다. 그 때의 고통과 고난, 아픔, 좌절 그건 말도 못할 정도일 것입니다. 우리 주위에 얼마나 많은 사람들이 있는가를 생각해 보십시오. 물론 성직자도 있겠지만 우리 평신도들이 이것을 얼마나 갈구하는지를 한번 생각을 해 보시면 "하나님 내게 눈을 열어주십시오. 길을 열어주십시오" 하는 이 말 한마디가 얼마나 하나님을 불안하게 하는지, 얼마나 하나님을 염려하게 하는지 생각해 보십시오.

아기가 칼을 달라고 한다고 날카로운 칼을 아기한테 줘 보십시오. 어머니 눈이 한 순간이라도 아기 손에서 떨어질 수 있는가. 아기 손에 들려져 있는 날카로운 칼은 꼭 자기를 해치게 되거나 아니면 주변에 있는 다른 사람들이나 다른 물건을 해치게 됩니다.

그래서 창조적 기도에 들어갈 때는 창조적 기도를 그분이 내게 이루어 주시는 것이 문제가 아니라 그 다음에 어떤 일이 발생할 수 있는가를 잘 알아야 합니다.

주의 법도를 지키는 자

창조적 기도에서 우리는 참 멋진 구절을 봅니다.

"내 소유는 이것이니 주의 법도를 지킨 것이니이다"(시119:56).

창조적 기도에서 우리가 주께 나타낼 수 있는 것이 있습니다. 주의 법도를 지키는 것이 내 전부입니다. 주께서 내 눈을 열어주시는 것, 내 귀를 열어주시는 것, 주께서 내 입술을 열어주시는 것 그것들이 문제가 아니고 주께서 내게 주신 그 법도를 내가 지키는 것이 내 소유라고 성경에 기록되어 있습니다.

창조적 기도에 들어갈 자는 어떤 자이어야 하는가? 나는 주님의 법도를 지키겠다고 하는 사람이 바로 창조적 기도에 들어갈 수 있는 자격을 갖습니다. 내가 어떤 기도의 자리에 들어갈 것인가? 그것은 "주께서 내게 주신 주의 말씀이 내 소유입니다. 내 전부입니다. 그 이상 아무것도 없습니다." 이렇게 고백해야 합니다.

하나님께서 우리에게 주시기를 주저하는 것이 아닙니다. 주시기 전에 그분께서 고민을 하게 하지 마십시오. '이것을 주어도 좋을까? 이것 주면 잘 관리할 수 있으려나?' 그것을 가만히 생각해 보십시오. 만일 예수 점쟁이가 나온다면 하나님이 어떨까요? 그런 짓 하라고 준 것이 아닌데 말입니다. 예언의 쥐꼬리만한 은혜를 주셨는데 그것 가지고 예언해 준다고 돌아다니면 하나님이 어떻게 생각하실까요? 그들의 말 한마디에 내 사랑하는 양떼들이 독을 먹게 될 것이라고 얼마나 걱정하시겠습니까?

우리 주방의 냉장고를 열어봅시다. 맛있는 식탁을 만들기 위한 갖가지 재료들이 있습니다. 우리가 제일 많이 쓰는 것이 간장하고 고추장입니다. 맹물에다 간장만 넣어 가지고 끓여 보십시오. 밥이 되나 안되나? 다른 것은 넣지 말고 그냥 간장 하나만 부어가지고 끓여 보십시오. 밥이 되나? 안되나? 다른 말을 할까요? 맹물에다 고춧가루 한 두 숟가락 넣어가지고 끓여 보십시오. 반찬이 되나? 영의 세계가 그것이 어울려서 될 때는 고춧가루가 필요합니다.

간을 맞추는 데는 간장이 필요합니다. 소금도 필요합니다. 그러나 그것 하나 가지고 된다고 이렇게 날뛸 때, 그 때 그 사람에게는 입을 벌리고 고춧가루 한 두 스푼 콱 집어 넣어주면 그것이 얼마나 무서운 것인가를 알게 되겠지요?

하나님의 은혜와 하나님의 은사, 능력 한 두 가지 가졌다고 오만한 머리 쳐드는 그런 사람에게 가서 입을 열고 소금을 한 됫박 넣어 보십시오. 짜다고 정신 차리려고 물 달라고 할 것입니다. 냉수 먹고 정신 차리면 다행이겠지요.

하나님께서 우리에게 기도하고 싶으냐? 물으시면서 그러면 죽은 기도 하지 말라고 하십니다. 기도하고 싶으십니까? 살아 있는 기도를 하라고 하시는데 살아 있는 기도가 무엇입니까? 살아 있는 자가 생명 있는 말을 하는 것입니다.

씨앗을 솥에 삶아 푹 쪄서 밭에 가서 뿌려 보십시오. 싹이 나올까요? 농부들이 내년 봄에 뿌려야겠다는 씨앗을 어떻게 합니까? 좋은 씨앗으로 먹기 전에 따로 추려놓지요? 겨울을 지내기 위해서 우리는 곡식을 사용하고 먹습니다. 그러나 농부는 그 중에서 제일 좋은 씨앗만 따로 추려놓습니다. 그건 마누라 손도 못 가게 해요. 아이들 손도 더더욱 못 가게 합니다. 따로 잘 놔둬요. 이것은 절대 손대지 말라고 하면서 제일 좋은 곳에, 제일 바람이 잘 드는 곳에, 그늘진 곳에 쥐가 드나들지 못하는 곳에 좀이 슬지 않도록 보관을 합니다.

농부가 그렇게 하는 이유가 무엇입니까? 그 씨앗에는 생명이 가장 알차게 들어가 있다는 것이지요. 가장 알찬 생명이 있기에 그것을 내년 봄에 밭에 심으면 알차게 열매를 맺을 수 있다는, 많은 수확을 얻을 수 있을 것이라는 기대 때문 아닙니까?

우리의 기도가 어떠해야 하겠습니까? 아주 알찬 기도가 되어야겠지요? 대충 대충하는 그 씨앗 한번 뿌려 보십시오. 싹이 대충 대충 되겠지요. 우리의 기도는 가장 든든한 알이 꽉 차 있는 곡식의 씨앗을 농부가 뿌리는 것처럼 우리도 그런 기도를 뿌려야 합니다. 그 기도가 진행될 동안에 하나님께서는 거기에다 새싹이 돋아나도록 하늘로부터 비를 주십니다. 이른 비를 주십니다.

창조적 기도는 바로 하나님과 우리 사이에 협력사역입니다. 하나님께 말합니다. "멋있고 알찬 씨앗으로 제가 준비하겠습니다. 하나님께서 원하시는 그곳에 제가 씨앗을 뿌리겠습니다. 하나님, 밤과 낮으로 지키시고 보호하시고 절기를 따라 이른 비와 늦은 비, 이슬과 바람과 빛을 주십시오."

우리들이 기도 할때 씨앗을 뿌렸으니 이제 기도가 이루어질 것이라고 그렇게 생각을 합니다. 내가 기도하니 기도가 저절로 된다고 생각을 하는데 얼마나 어리석은 일인지 모릅니다. 밭에 가 보십시오. 씨앗을 뿌려만 놓으면 그게 저 혼자 자라나요? 땅에 숨겨지고 적당한 온도, 습도 그리고 그 안에 낮과 밤의 빛의 교체, 하늘의 이슬, 그 다음에 통풍시키는 바람, 그 속에 공기 그 모든 것이 그 안에 들어가 있어야 싹이 움트게 되는 것입니다. 그런데 우리는 농부보다 더 못해요. 더 미련하고 어리석습니다.

기도의 자리에 앉아서 씨앗 하나만 뿌려 놓으면 다 되는 것으로 알아요. 아닙니다. 내가 했다고 어리석은 생각을 하기에 우리의 기도가 무엇인가 불구자가 되고 기형아가 되고 찌그러지고 쪼개지고 희한한 것들이 나오게 되는 것입니다.

우리가 기도의 자리에 씨앗을 뿌리는 순간 우리는 하나님과 합작으로 일을 시작하는 것입니다. "씨를 뿌렸느냐? 그럼 너는 이렇게 해라. 나는 이렇게 하겠다." 하늘의 영적 기상도와 지상의 영적 기상도가 서로 교신합니다. 기도의 자리에서 하나님과 우리 사이에 속 깊은 대화가 오고갑니다.

"하나님은 멀찍이 계십시오. 그 위에 앉아서 듣기만 하십시오. 제가 하겠습니다." 그럼 빛은 누가 주고 열은 누가 줍니까? 비는 누가

내려주고 숨 쉴 공기는 누가 줍니까? 진공의 상태에다 씨앗 하나 갖
다 놓고 밀폐시키고 어디 놔 둬 보십시오. 싹이 나나 안나나? 그런데
도 우리는 진공상태에서 기도만 하면 기도가 제 스스로 싹이 트고 움
이 돋고 줄기가 오르고 꽃이 핀다고 상상을 합니다.

하늘 문을 여는 기도의 과정

이제 기도가 어떻게 되어야 한다는 것을 조금 다른 각도에서 생각을 하시겠습니까? 기도의 초보자들이 하는 일반적인 기도는 옆으로 제쳐둡시다.

제가 제일 좋아하는 기도는 통성기도입니다. 때리고 부수고 두드리고 울고 그냥 쏟고 하는 기도를 제일 좋아합니다. 뒹굴고 기도하고, 밤새워 기도하고, 춤추고 기도하고, 고함치고 기도하고 그런 것을 제가 제일 좋아합니다. 왜요? 출발이니까요. 그것이 없으면 안되니까요.

씨앗이 싹을 틔우려면 깨어져야합니다. 복숭아 씨앗 보셨지요. 그것을 이빨로 깨물어서 안에 씨앗 속에 있는 씨눈 빼낼 수 있습니까? 복숭아 씨앗 안에 있는 씨눈 하나 꺼내지 못하는 우리가 하늘의 기적을 이 땅에 내리는 것을 할 수 있다고요? 뭔가 착각해도 한참 착각

아닌가요? 그런 사람에게 전 복숭아 씨앗 하나 드려보고 싶습니다. 이빨 가지고 깨서 먹고 난 다음에 기도하라고요. 복숭아 씨앗은 망치로 깨뜨려도 잘 안 깨집니다.

창조적 기도는 내가 하고 싶어서 하는 것이 아니고, 내가 한다고 해서 되는 기도도 아닙니다. 그분과 더불어 합작하는 것이라고 생각하면 됩니다. 온전한 씨앗이 온전하게 움트는 것처럼 우리의 기도가 생명을 움트게 하는 기도가 되려면 어떻게 되어야 하겠습니까? 하나님의 영의 도우심이 필연코 요구됩니다. 그런데 하나님께서 도와주시려고 하시는데, "제가 기도의 순서와 계획을 가지고 왔으니 하나님 옆으로 비켜주세요. 이 기도하고요, 그 다음 이 기도하고요, 그 다음 이 기도하고요."이렇게 내가 계획한 대로만 기도가 빙빙 돌아갑니다.

어린 아이 시절에는 그런 기도가 가능합니다. 두 살 세 살 때는 장난감 가지고 놀다가 이것 가지고 놀아도 되고 저것 가지고 놀아도 됩니다. 얼마든지 좋을 대로 놀게 해줘야 합니다.

기도도 그래요. 평신도들이 기도할 때는 어떤 기도를 하든지 내버려 둡니다. 그런데 함께 기도하는 자리에서 어떤 분이 그럽니다. 저기 있는 사람은 기도 잘못한다고 기도 바꾸어 주라고 말합니다. 하지만 그건 아니지요. 어린애한테 장난감 가지고 재미있게 놀고 있는데 "그것 가지고 그만 놀고 이 장난감 가지고 놀아라." 하면 그 애가 그걸 가지고 놀 기분이 나겠습니까? 울든지 아니면 뾰로퉁해서 돌아앉겠지요?

저는 지금 영적지도자들을 이야기하고 있는 것입니다. 성직자들의 기도와 평신도들의 기도는 격차가 있습니다. 때로는 엄청난 차이가 있습니다. 평신도들이 기도할 때는 앉아서 기도하든 엎드려서 기도하든, 누워서 기도하든, 그 평신도가 한 살짜리면 한 살짜리 기도를, 두 살짜리면 두 살짜리 기도를, 다섯 살짜리면 다섯 살짜리 기도를 하는 것입니다. 그냥 그대로 하게 두세요. 그냥 그렇게 기도하다 보면 초등학교 갈 때쯤 되면 방 안에서 가지고 놀던 장난감 제자리에 갖다 두며 "이제는 이거 그만 갖고 놀래. 아빠 이건 어릴 때 갖고 놀던 거야. 밖에서 타고 다니는 자전거 사 주세요." 다른 것을 사달라고 합니다. 즉 자동으로 기도가 이렇게 앞으로 나아갑니다.

우리는 기도가 발전하고 성숙해 가고 있다는 것을 까먹을 때가 있습니다. 생각을 안 할 때가 있지요. 어린아이가 그냥 벌거벗고 장난감 갖고 놀면 엉덩이 두들겨 주며 잘한다고 내버려 두는 것입니다.

창조적 기도는 이렇게 세심하게 말을 해 주지 않으면 한꺼번에 하늘 문이 열린다고, 하늘 창고에서 보화를 막 따오게 하고, 뭔가 쾅 열려서 되는 것으로 착각을 하게 됩니다.

창조적 기도는 하늘 문을 엽니다. 하나님의 비밀을 캐냅니다. 하늘의 능력과 권세를 분명히 가지고 옵니다. 그러나 결코 서두르지 말라고 그때마다 그것에 상응하는 과정이 있다는 것을 생각해야 합니다. 거쳐야 할 여러 과정이 있다는 것을 알게 되면 그 다음부터는 겸손하게 됩니다.

준비된 온전한 그릇

창조적 기도 자리에 들어가면 어떻게 됩니까?

하나님과 나 사이에 내가 가지고 있는 것이 있는지 없는지 따지게 됩니다. 점검해봐야 합니다. 점검한다는 것이 무엇입니까? 그릇이 깨끗한지 아닌지 확인해야 합니다. 하나님께서 우리의 그릇에 무엇을 채워주시기 원하십니까?

창조적 기도라는 것은 '채우십시오' 그 말입니다. 없는 것을 있게 하십시오, 안되는 것을 되게 하십시오, 죽은 것을 살려 주십시오 하는 것입니다. 그런데 그 전제 조건이 무엇입니까?

"너의 그릇을 비웠느냐?" 바로 그것입니다. 너의 그릇이 비워졌는가? 주시는 하나님의 준비가 온전할까요? 받을 우리의 그릇 준비가 온전할까요?

"하나님이 내 기도 안 들어줘...." 그럴 것이 아니고 우리 기도의 그릇이 하늘의 창조의 능력을 가진 하나님의 기도를 담을만한 그릇이 되어 있는가를 스스로 점검해야 하는 것입니다. 안되어있을 경우에는 "주님 잠깐 기다리십시오" 하고 열심히 닦아야지요. 닦는 과정이 1년 일수도 있고, 10년 일수도 있고, 30년 일수도 있고, 50년 일수도 있고, 죽는 그 순간까지 일 수도 있습니다.

창조적 기도는 그릇을 닦는 이 기간을 줄여야 그만큼 하나님께서 우리에게 주시고자 하는 하늘의 능력과 권세를 그 남아 있는 기간 동안 더 많이 누릴 수가 있습니다. 하나님께서 우리에게 원하시는 것은 그릇 닦는 것 좀 빨리하라는 것입니다. "너의 그릇 닦는 것 빨리해라. 거기에 채우는 것은 순간이다."

그런데 우리는 그릇을 닦다보면 인생이 다 가버리고 매일 와서 회개합니다. 매일 와서 그릇 씻었다고 합니다. 그릇 닦으러 와서 다 닦으면 좋은데 조금만 닦다가 그만 가버립니다.

하나님 보좌 앞으로 나오는 그 은혜의 강가 양쪽에 생명과가 열려 있다고 했지요? 그래서 그 생명나무에는 사시사철로 여러 가지 과일이 열린다고 하였습니다. 어느 날 제가 그 말씀을 묵상하다가 "아, 생명나무에는 그렇게 매일 새로운 과일들이, 매달 새로운 과일들이 맺히는구나. 그런데 악의 나무에는, 인간의 지혜의 나무에는 어떤 과일이 열릴까?" 거기서 그릇 씻는 것을 다시하기 시작했습니다. 악의 나무에서는, 우리 인간의 지혜의 나무에서도 매달 열매가 열릴까요? 생명과일 나무에 열린다면 우린 인간의 지혜의 나무에도 매달 열리겠지요. 갖가지 과일들이 열리지요.

그래서 우리는 회개할 때에 "하나님 내가 거짓말 했습니다." 하고는 이 과일 하나 따버리면 내 회개가 끝난 줄 압니다. 그 인간의 지혜의 나무, 그 악의 나무에서 회개한 거짓말 과일 하나를 따서 버렸습니다. 그런데 그 다음에 나온 과일은 또 무엇입니까? 사기 친 과일이 또 하나 나옵니다. 사기 친 과일 또 땄습니다. 그러면 그 다음에는 미워하는 과일이 또 나옵니다. 그것 따고 나면 그 다음에는 저주하는 과일이 또 나오고 따고 나면 그 다음에는 살인한 과일이 또 나옵니다. 또 그것도 땁니다. 하지만 그 다음에는 정욕의 과일이 또 나옵니다. 그것 따고 나면 탐욕의 과일이 또 나와요. 그 수를 헤아릴 수 없는 과일들이 열리는 것입니다.

그래서 회개라는 것은 과일 따는 회개가 아닙니다. 과일 따는 회개는 하지 마십시오. 그것 따 놓으면 오늘 내가 회개했다고, 씻었다고 돌아서고 나면 그 다음 달에 다른 것이 또 나오는데요. 그래서 회개란 평생을 간다는 것입니다. 생명과일 나무만 사시사철 새로운 과일을 만들어 낸다고 우리는 좋은 면만 생각하는데 그것만이 아닙니다. 그 반대 악의 나무도 선악과의 나무도 계속해서 꽃을 피우고 열매를 맺는다는 것을 반드시 알아야 합니다.

언제까지 과일 따는 일을 계속 하겠습니까? 창조적 기도에 들어가기 전에 과일 따는 기도는 정리해야 됩니다. 과일 따는 기도가 정리되지 않고서는 하나님의 신비한 이적들이 우리에게 나타나게 되는 기적들은 기대할 수가 없습니다. 악한 그릇, 정리되지 않은 그릇에 그분께서는 주시기를 원치 않으십니다.

그래서 회개는 이것만 하고 다했다고 하고, 저것하고 다 했다고 합니다. 애초부터 그렇게 하면 할수록 나는 이 죄도 씻음 받았고 저

죄도 사함 받았고 이것도 사함 받았고 하는데 그것 한번 계산해 보십시오. 아마 우리가 지은 죄들은 몇 십 개가 아닐 것입니다. 몇 만 개, 몇 십만 개도 아닐 것입니다. 아마도 몇 백만, 몇 억 개도 넘을 것입니다. 그것을 어찌 일일이 제목 하나하나 들어가지고 이야기 하겠습니까. 이것 따고 나면 저놈 나오고, 기껏 따고 나면 이놈 나오고, 이와 같은 무수한 죄악들이 펄썩 펄썩 튀어 나오는데 이것을 해결하는 것이 창조적 기도입니다.

창조적 기도는 선악과의 뿌리를 제하는 것입니다. 그 이상을 더 한꺼번에 뿌리 뽑고 제거하고 잔 솜털까지도 제거하는 것입니다.

한꺼번에 하는 것입니다. 가지 치지 말고, 몸체 자르지 말고, 악한 뿌리들, 천한 뿌리들, 인간의 생각의 뿌리들, 인간의 계산의 뿌리들, 인간의 믿음의 뿌리들, 인간의 이기주의 뿌리들, 한 순간에 뿌리를 파내는 것입니다. 한 순간에 뿌리를 캐지 않는 한 그는 영원토록 그릇 닦다가 하늘의 복을 받지 못하는 것입니다. 악을 씻다 씻다 보면 세월 다 가버리는 것입니다. 그래서 우리 영성 멘토들은 하나님이 우리에게 하시는 말씀에 대해서 피상적으로만 알 것이 아니고 그 안에 하나님께서 내게 무엇을 나타내시기를 원하는가를 찾아내야 합니다. 그렇지요? 그것을 찾아내고, 찾았으면 완전히 제거해야 합니다.

바꾸어야 할 기도 제목

우리가 하나님께 무엇을 달라고 합니까? 한번 솔직하게 말해 볼까요? 가난하게 사니까 하나님 하늘 문 열고 금덩어리 주세요. 그 다음은 덩어리 할 것인가요? 그 다음에 그런 것을 많이 갖게 되면 빨리 죽으면 안되잖아요. 천년, 만년 살게 해주십시오. 그 다음에 또 뭐 달라고 할 것입니까? 제목을 한 번 나열해 보십시오. 십년 동안 제목 나열해 보십시오. 하나님께서 우리에게 주실 그 분의 하늘의 복이 몇 가지인가 볼까요? 세어 볼까요? 열 가지일까요? 천 가지일까요? 만 가지일까요? 백만 가지일까요? 억 가지일까요? 그걸로 끝납니까? 하나님이 우리에게 주실 복, 우리의 창조적 기도에 하나님이 응답하실 복은 어때요? 1억 가지일까요? 우리가 이름을 대서 받을 복은 끝이 없습니다. 죽도록 아비가 그 복 부르고, 아들이 그 복 부르고, 손자가 그 복 부르고, 그 아래 손자가 4대, 5대가 복을 부르고 불러도 하나님이 우리에게 주시고자 하는 복은 셀 수가 없습니다. 왜요? 하나님은 무궁무진하시고 무한대이십니다.

그분이 가지고 있는 복은 헤아릴 수가 없습니다. 그렇다면 가장 귀한 기도는 무엇이겠습니까? "주의 선하시고 아름다움이 내게 이루어지게 하옵소서." 하는 기도가 아니겠습니까? 주의 선하시고 아름다움, 거기에 무엇이 들어 있겠습니까? 하나님의 온갖 것이 그 안에 다 들어가 있겠지요? 거기에는 나를 향하신 생명을 살리는 것이 들어가 있을 수가 있고, 그 다음에 생명을 살리는 것 외에도 다른 것들이 수없이 들어가 있을 수가 있겠지요. 어찌 우리가 일일이 달라고 합니까?

환자가 한의사를 찾아갑니다. 의사가 진맥을 합니다. 그러고 난 다음에 그 환자가 수백 가지 풀뿌리 나무열매가 있는 약 창고에 들어가서 이것 꺼내고 저것 꺼내서 약 지어주시오 그럽니까? 아니면 의사가 진맥하고 난 다음 의사가 지어주는 약을 주는 대로 가져옵니까? 한약방에 가서는 멍청이 가만히 앉아서 의사 시키는 대로 국산인지 중국산인지 그것도 모르고 그냥 주는 대로 좋은 약이라 하며 다 받아오면서, 우리가 하나님 앞에 기도할 때는 하나님 이건 되고 저건 안 됩니다. 중국산은 빼고 순수 국산으로만 해주십시오. 이것 넣고 저것은 빼고 별의별 기도 다 하지요.

우리의 기도가 깨어진 기도는 아닌가요? 찢어진 기도는 아닌가요? 바로 그것을 알 수 있게 하는 것은 하나님의 법이 나의 전부라고 고백하는 것입니다. 그럴 때 하나님의 법이 내 전부가 되는 것입니다. 내게 그대로 적용 됩니다. 그것을 입술로 그분께 아뢸 때, 하나님의 법 안에는 무엇이 있습니까? 그분이 인간에게 필요한 모든 것을 다 넣어 주셨습니다.

하나님께서 에스겔에게 하신 말씀입니다.

에스겔 37장입니다. 누워 있는 마른 뼈들에 생명만 불어 넣으라고 하십니다. 기도에 우리가 할 것은 생명만 불어 넣는 것입니다. 생명을 불어 넣게 되면 어떻게 돼요? 마른 뼈들이 큰 군대가 되더라. 성경의 기록입니다. 우리의 기도가 바로 이것입니다.

하나님께서 우리에게 "생기를 불어 넣어라. 생기를 불어 넣어라." 하십니다. 우리의 기도 자리는 하늘의 생기를 불어 넣는 자리인데 "이것 주시오, 저것 주시오, 뼈다귀 주시오, 살찐 이것 주시오" 하며 탐욕을 부립니다. 그런 자리가 아니라는 것입니다.

이제 창조적 기도의 내용들을 조금 이해하겠습니까? 이건 우리가 가는 과정의 처음 길일 뿐입니다. 가면 갈수록 창조적 기도 그 안에 숨겨져 있는 베일들을 계속해서 벗겨가는 것이고 하나님의 창조적 기도의 광산을 우리가 파나갈 때 그 광산은 끝이 없습니다.

미국 개척시대, 골드러쉬(Gold rush) 시대에 강에서 사금을 손톱만큼 건져내고 그것에 욕심이 생겨 온 강에 널려있는 금을 놔두고, 동행한 친구를 속이고 야반도주 하는 그런 얄팍한 사람들이 되어서는 안되겠지요.

하나님의 언어로 드리는 기도

시편 119편 99절과 100절을 한 번 보십시오. 아주 멋집니다. 창조적 기도의 좋은 부분을 봅니다.

"내가 주의 증거들을 늘 읊조리므로 나의 명철함이 나의 모든 스승보다 나으며 주의 법도들을 지키므로 나의 명철함이 노인보다 나으니이다."

스승과 노인입니다. 먼저 지혜와 지식과 경험을 가진 그 사람들보다 내가 더 위에 갈 수 있는 것이 무엇이라고요? 하나님의 증거를 묵상하는 것입니다. 그 다음을 보십시오. 내가 어리지만 나이 많은 인생의 온갖 풍상, 인간의 온갖 지혜, 경험 그런 것을 다 가지고 있는 노인보다 내가 훨씬 뛰어 넘는 방법이 무엇이라고요? 듣고 앉아 있는 것이 아니고 그것을 지키는 것이라고 합니다.

우리는 모두 기도의 앉은뱅이들입니다. 기도 자리에 앉아서 기도

하면 모든 것이 다 되는 줄 알고 있습니다. 그런 사람은 주방에 한 시간만 앉혀 놓으면 깨닫게 됩니다. 쌀 씻어서 솥에다 쌀을 넣고 물을 붓고 그리고 거기 앉아 있으라고 그래야 돼요. 한 시간 후에 밥이 되었는지 보십시오. 가스렌지에 얹어 놨습니다. 밥이 다 됐을까요? 아니요, 안돼요. 불을 안 켰으니까요.

하나님의 복을 안다는 것은, 묵상한다는 그 자체는 우리 하나님의 말씀에 생기를 불어 넣는 것이고 그 생기가 살아나게 하는 것이 기도가 흘러가는 과정인 것입니다. 기도 해놓고 하나님의 복을 다 안다고 그러면서 앉아있는 자들, 행하지 않는 자들이라는 것입니다. 행함이 없는 기도는 죽은 기도입니다(약2:14).

행함이 없는 것을 하나님께서 얼마나 탓하시는지 아시지요?

"일을 행하시는 여호와, 그것을 만들며 성취하시는 여호와, 그의 이름을 여호와라 하는 이가 이와 같이 이르시도다"(예레미야33:2). 하나님은 실제로 행하신다고 하셨습니다.

하나님은 자신의 지혜를 펼치시고 그 펼치신 것으로 설계만 하시는 것이 아니고 그분이 실제로 사역을 한다고 하셨습니다. 그래서 예수님께서는 뭐라고 하셨지요?

나는 아버지가 내게 말하라고 하는 대로, 성경에 기록된 그 글자 그대로, 내게 지혜를 주는 대로 나는 알고 아버지께서 내게 행하는 것을 보여주는 대로 나는 그냥 따라 한다고 하셨습니다. 그걸 알면서도 우리는 행하지 않지요? 행한다는 것은 그 분의 뜻대로 그 분의 방법대로 하는지 안 하는지 그것을 말하는 것입니다. 창조적 기도를 할 경우에 어떤 결과가 나타납니까? 주의 증거를 묵상하고 나의 명철이 나의 스승보다 승하며 내가 주의 법도를 지키므로 나의 명철이 노인보다 승합니다.

창조적 기도의 과정을 가는 분들은 하나님이 주시는 이 큰 광산에서 계속 파가십시오. 그 속에서 그 분께서 내게 주시는 그 광맥의 줄기를 따라 파가면서 그분께서 내게 말씀하시는 것들을 다 찾아내는 것입니다. 그것을 내 것으로 취하는 것입니다.

창조적 기도를 상상으로 하는 것은 안되겠지요? 상상의 기도는 망합니다. 알았다고 하는 지식의 기도는 망합니다. 내 맘대로 하는 기도는 망하는 것입니다.

기도는 그 분의 뜻대로, 그 분의 방법대로 하는 것입니다. 그러기 위해서 우리가 무엇을 해야 하는가? 아버지의 뜻이 무엇인가? 그것을 연결시켜 놓은 것이 영적 기상도입니다. 그분이 내게 무엇을 보여주며 어떻게 하라고 하시는가? 그것을 찾아내는 것입니다.

씨앗의 법칙을 아는 자는 믿음의 기적을 불러올 수 있습니다. 씨앗의 법칙을 아는 자는 하나님의 언어를 찾아낼 수 있습니다.

하나님의 언어를 찾아내십시오. 하나님의 언어가 있는 곳마다 하나님의 능력과 권세가 나타나게 됩니다. 우리의 기도에는 하나님의 언어가 살아서 펄쩍 펄쩍 뛰는 물고기처럼, 생명이 있는 언어로 그렇게 숨 쉬어야 합니다. 바로 그곳에 하나님께서 우리에게 주신 그 분의 은총이 풀려지게 됩니다. 우리가 무엇을 기도했고 무슨 제목으로 기도했다는 것이 문제가 아니라 그분이 우리에게 가장 선하고 아름답고 귀하고 좋은 것을 주신다는 확신이 있을 때 그대로 이루어지는 것입니다.

우리는 이 시간에 창조적 기도의 시간에 하나님의 말씀이 흐르는 동안에 그분께서 우리에게 주실 하늘의 그 무엇을 우리는 먹고 마시게 되는 것입니다.

공기를 마실 때 우리는 산소를 뽑아서 마시는 것입니다. 여러분이 숨을 쉴 때 나 산소만 마실거야! 하고 숨 쉬는 분이 있나요? 자동적으로 우리의 몸이 구별하잖아요. 그래서 하나님의 말씀이 선포될 때, 진행되는 이 순간에 "나는 이것 먹을거야. 저것 먹을거야" 하는 것이 아니고, 공기 중에 있는 산소를 우리가 자동적으로 빨아들이듯 하나님의 그 귀한 생명의 역사와 그 분의 보이지 않는 신비한 하늘의 귀한 선물이 여러분의 영혼에 쌓여갑니다. 차고 넘치게 되는 것이지요.

이렇게 순간이 한번 지나고 두 번 지날 때마다, 날이 가면 식물이 자라듯 우리의 영혼도 자라납니다. 어머니가 저녁 주무시기 전에 방의 한편에 있는 콩나물 시루에 물 한바가지 주고 주무시고 아침에 일어나보면 콩나물이 자라 있지요? 그것은 진실입니다.

아침에 보면 자라 있습니다. 뭐 특별한 것 먹은 것도 없는데 자라나요. 우리의 영혼도 그와 마찬가지입니다. 하나님의 말씀, 하나님의 지혜, 하나님의 권세, 하나님의 능력들은 바로 콩나물에 물 한바가지 주는 것과 같은 것입니다. 우리가 창조적 기도를 위해 자신을 비우고 하나님의 말씀으로 자신을 채우려고 하는 것이 바로 그런 자람의 연속이 됩니다.

제11장

하나님의 영광을 구현하는 자

모세가 백성에게 이르되 너희는 두려워 말고 가만히 서서 여호와께서 오늘날 너희를 위하여 행하시는 구원을 보라 너희가 오늘 본 애굽 사람을 또 다시는 영원히 보지 못하리라 여호와께서 너희를 위하여 싸우시리니 너희는 가만히 있을지니라 여호와께서 모세에게 이르시되 너는 어찌하여 내게 부르짖느뇨 이스라엘 자손을 명하여 앞으로 나가게 하고 지팡이를 들고 손을 바다 위로 내밀어 그것으로 갈라지게 하라 이스라엘 자손이 바다 가운데 육지로 행하리라 내가 애굽 사람들의 마음을 강퍅케 할것인즉 그들이 그 뒤를 따라 들어갈 것이라 내가 바로와 그 모든 군대와 그 병거와 마병을 인하여 영광을 얻으리니 내가 바로와 그 병거와 마병으로 인하여 영광을 얻을 때에야 애굽 사람들이 나를 여호와인줄 알리라 하시더니(출14:13~18)

기도의 장애물과 난제들

하나님과 모세 사이에는 주인과 종의 깊은 생기의 맥이 흐릅니다. 하나님과 우리 인간 사이에 깊은 생기의 맥이 흐르는데 그 핵심이 무엇이겠습니까?

하나님께서 인간의 창조적 기도에 어떻게 응답하시고, 창조적 기도를 그분이 어떻게 이끌어 가시고, 창조적 기도에 대한 그분의 가장 선하시고 아름다운 결과가 어떠한 것인지 이제 우리는 알게 됩니다.

본문을 한 달이고 두 달이고 깊이깊이 되새김질하여 그 영양소를 전부 흡수하고 나면 여러분은 자신이 하는 기도가 아닌 다른 차원의 기도를 하게 될 것입니다.

14장에 나타난 하나님과 이스라엘과 모세와 애굽 그리고 그분이 동원한 자연환경을 한 장의 그림으로 그려놓고, 그림 속을 묵상하게 되면 내 기도가 어떤 기도가 되어야 할 것인지 알게 됩니다.

내 기도가 하나님의 뜻 가운데서 시작되고, 내 기도가 하나님의 도움으로 진행되면 내 기도에 하나님의 생기가 흐릅니다. 그런데 하나님의 역사는 내 주위에 많은 대적들이 내게로 오게 만드십니다.

그것을 보면서 하나님이 이상하신 분이라고 생각합니다. 나를 죽이려 작정하셨다고 합니다. 구원해 주려면 제대로 구원해 주지 구원해주셔 놓고 뒤쫓아 와서 목덜미를 잡게 한다고, 아니 이런 하나님 어디 있느냐고, 우리의 인생에서 하나님을 원망할 수도 있습니다. 그러나 그 마지막 순간까지 하나님은 우리의 대적들이 우리에게 덮쳐 오게 하십니다. 그리고 그 대적들을 향하여 하나님은 하늘에서 비웃으십니다. "내가 그들을 향하여 영광을 받으리라." 하시면서 하나님이 불기둥과 구름기둥을 세우시고 우리편 쪽에는 캄캄한 밤에 대낮 같은 광명으로 일이 진행되게 하시고, 저편 사탄 마귀세계에는 흑암이, 밤의 어두움보다 훨씬 더 칠흑 같은 어두움이 깔리게 해서 앞도 뒤도 분간하지 못하게 하십니다.

하나님의 말씀을 깊이 묵상하면서 하나님께서 하신 일을 가만히 읽고 난 다음에 나의 기도가 어떤 기도가 되어야할 것인가 생각하게 됩니다. 하늘을 움직이는 기도가 아니면 기도할 생각을 하지 마십시오. 하늘을 움직일 기도를 하지 않으려거든 기도자리에 들어오려고도 하지 마십시오.

기도는 바로 하늘이 움직이게 만드는 것입니다. "기도의 자리에서 너희들이 나를 움직이지 못할 경우에는 그 기도 자리는 너희의 죽음의 자리가 되리라." 기도는 생명과 죽음이 맞부딪치는 자리입니다. 죽음이 아니면 생명입니다. 이 두 개가 맞부딪쳐야지 그렇지 않고 적당히 더불어 같이 살자하면 역사는 더불어 같이 할 수 있을지 몰라도 기도의 생명은 그런 것이 아닙니다. 죽음 아니면 생명, 둘 중 하나로 결단을 내야합니다.

기도의 깊은 곳으로 들어가기 전에 과연 기도가 무엇인가 생각해 봅시다.

출애굽기 17장은 인류역사 속에 영원히 간직될 역사 중의 역사입니다. 하나님의 세계 속에 있는 인간의 역사요, 인간의 세상에 오신 하나님의 세계입니다.

하나님께서 우리에게 기도가 무엇인지 알려주시고자 하신 모델케이스로 성경에 기록된 것 중의 하나가 바로 출애굽기 17장입니다.

애굽 사람들의 노예가 되어서 가혹한 노동과 핍박을 받으며 신음하며 고통 중에 살고 있는 이스라엘 백성들을 어느 날 하나님이 건져내십니다. 노예의 생활에서 건져냈으니 그들이 하나님을 알아야 얼마나 알겠습니까? 교육도 제대로 못 받고 눈뜨면 노동하러 가야하고 해지면 와서 피곤한 몸을 씻고 잠자는 것이 그들의 생활이었습니다. 사람됨의 교육은 물론 말할 것도 없고 조상의 신에 대해서는 얼마나 알까요? 그런 그들을 그 자리에서 이끌어내었으니 그 다음에 그들에게 뭔가 또 다른 세계를 보여줘야 되겠지요? 그들에게 어떤 다른 세계를 보여줄 것인가? 그래서 앞에 아말렉이라는 대적을 그들 앞에 두십니다. 그들 앞에 여러 종류의 장애물과 부딪쳐야 할 난제들을 두십니다.

하나님께서 젖과 꿀이 흐르는 약속의 땅으로 자기의 백성들을 이끌어 가십니다. 바로 여러분 개개인을 하나님께서 복 주시리라 한 약속의 땅으로 이끌어갑니다. 그런데 그냥 가면 하나님께서 주신 복을 제대로 간수하지 못할 것 같아서 복 주기 전에 하나님께서는 복을 간수하는 방법을 가르쳐주십니다.

여러분이 살아가는 인생길에 아멜렉 같은 막강한 대적을 만나기도 합니다. 그것들과 한판 싸움을 하라고 하십니다. 죽음의 전쟁을 한번 해보라고 하십니다. 노예 생활에서 자기 백성을 건지신 하나님이 무슨 심통이 나서 죽이시겠습니까? 죽이려면 그 자리에서 죽일 것이지 사막까지 끌어내서 거기서 적병들의 손에 죽게 하시겠습니까?

그런데 실제로 하나님이 죽게 하셨습니다. 아말렉과 이스라엘의 대 접전에서 하나님은 모세에게 "너는 산으로 오르라. 나와 더불어 너와 나 사이에 전쟁이 무엇인가를 생각하라." 하시고 이스라엘의 모든 군대는 평지에서 아멜렉의 대군들과 싸우게 하라고 하셨습니다. 아말렉과 싸우는 그들 손에는 실제로 칼이 있습니다. 찌르면 죽게 되는 것입니다. 그 칼로 쳐버리면 목이 달아납니다.

생명을 건 기도 전쟁

하나님과 우리 사이에 실제로 죽음과 생명이 부딪치고 있습니다. 창조적 기도가 바로 죽음과 삶이 부딪치는 자리에서 죽음을 삶으로, 실패를 성공으로, 패배를 승리로 만드는 근원이 되는 것을 하나님께서는 우리에게 실제의 전쟁을 통해서 깨닫기를 원하시는 것입니다. 그래서 하나님께서는 모세에게 "너는 산에 오르라" 하십니다. 그리고 모세는 산위에서 하나님과 더불어 전쟁합니다. 기도의 전쟁을 합니다.

하나님은 우리에게 복을 그냥 주시지 않습니다. 어리석은 부모가 자녀들에게 자기의 재산을 그대로 다 물려주고 죽으면 그 유산을 받은 자녀들은 자신들이 피땀 흘려 벌지 않고 물려받은 그 재산을 마구 낭비해서 재산을 다 날려버립니다. 남자는 술집에, 여자는 백화점에서 그렇게 쓰고 내버리고 합니다. 이런 못된 행실을 두들겨 잡으려고 하나님께서는 하늘의 전쟁과 땅의 전쟁을 실제로 한자리에서 두 개를 보여주십니다.

산 위에서 모세가 하나님과 더불어 기도전쟁을 합니다. 그의 손이 하나님을 향하여 들려져 있는 순간에는 이스라엘 군대가 아말렉을 치고 이겨갑니다. 그런데 손을 계속 들고 있다가 모세가 힘이 들어서 손이 내려오니 내려오는 그 순간부터 이스라엘이 패하고 도망가고 도망가는 그들에게 아말렉 군대가 창을 던지고 칼로 목을 칩니다. 실제로 전쟁터에서 수없는 이스라엘 백성들이 목이 달아나고 창에 찔려 그 바닥에서 피 흘리고 죽습니다.

이건 가상이 아닙니다. 모세의 팔이 내려가니 이스라엘 군대들이 죽음을 당합니다. 이것이 영적 전투의 기도의 세계입니다. 기도의 세계가 앉아서 그냥 중얼중얼 나팔이나 불고 소리나 내고 손뼉이나 치고 눈물이나 흘리고 춤을 추면 다 되는구나 하는데 아닙니다. 기도의 자리는 그런 자리가 아닙니다.

생명을 건 자리입니다. 모세의 팔이 내려간즉 하나님께서 살리려고 건져낸 이스라엘의 그 귀한 생명들이 적의 칼에, 창에, 화살에 죽어갑니다. 창조적 기도의 자리는 죽음의 자리를 만드는 곳입니다. 창조적인 기도는 한쪽에서는 기도가 진행되면서 생명을 살리는 기도가 되고 한쪽에서는 기도가 진행되면서 죽음을 자초하는 기도의 자리가 됩니다. 그러나 이 창조적 기도가 없는 기도의 자리는 생명도 없고 죽음도 없습니다.

코메디를 하는 분이 재미있는 기도문을 말한 일이 있습니다. 기도하러 와서 "하나님 안녕하십니까? 오랜만에 봅니다. 다음에 또 올께요." 그렇게 기도를 끝낸다는 이야기 입니다. 그것을 좀 풀이해서 말하면 세 마디만 하기가 쑥스러우니까 "그 동안에 일양만강 하옵시고, 댁내...." 이렇게 한참 풀어가다 미안하니까 성경 구절들을 외웁니다. "태초에 하나님이...., 아브라함이 어떻고, 노아가 뭐하고....," 한참 하다가 뒤에 가서 "예수가 이 땅에 오셔서 우리 대신 죽으시어 우리가 살아나고..., 이렇게 기도하게 하시니 감사합니다..." 횡설수설 하며 떠들다가 갑니다.

여러분, 기도하는 시간이 어떤 시간인줄 아십니까? 그 시간에 수없는 이스라엘 백성들이 아멜렉 대군의 칼과 창과 화살에 맞아서 죽는 시간입니다. 생명이 죽어가는 시간이라는 말입니다.

우리는 기도를 두 가지로 분명히 구분해야 합니다. 생명이 없는 기도, 종이 위에 그리는 기도는 그냥 그렇게 하십시오. 종이 위에 그리는 것이지 삶도 죽음도 없습니다.

그러나 하나님이 실제로 우리에게 기도하라 말씀하시는 것은 생명이 있는 기도를 하라는 것입니다. 생명이 있는 기도는 바로 삶과 죽음을 기도의 현장에서 선택하라는 것입니다. 사는 기도를 할 것인가? 아니면 죽는 기도를 할 것인가? 결정해야 합니다.

기도의 자리는 말장난 하거나 시간 때우는 곳이 아니고, 감정을 토하는 곳도 아니고 중언부언 기도하는 모양만 내는 곳도 아닙니다.

바로 이 기도하는 순간에 생명이 오고 갑니다. 모세의 손이 하나님을 향한즉 평지의 여호수아가 이끌고 가는 이스라엘 군대들은 아말렉의 대적을 무찌르고 승리의 자리로 가고, 모세의 팔이 내려온즉 뒤집어서 아말렉이 이스라엘을 찌르고 죽입니다. 기도의 세계가 바로 이런 것입니다.

이런 기도를 일반기도와 구별하기 위해 생각한 것이 바로 이 창조적 기도라는 이름입니다.

창조적인 기도는 새 역사를 이루는 기도입니다. 막힌 것을 뚫어주는 기도입니다. 무엇을 해달라고 하는 것은 뒷전으로 치워놓고 삶과 죽음이 그 자리에서 결판나는 기도입니다.

기도의 자리에 임할 때는 내가 하나님께 할 수 있는 가장 예의를 갖춘 자리가 되어야 합니다. 기도의 자리는 내가 하나님께 가장 존경을 나타낼 수 있고 가장 최선을 보이는 그런 자리가 되어야 합니다.

그런데 기도하다말고 핸드폰 울리니까 들고 쫓아나가요. 어느 것이 하나님입니까? 누구한테 기도한 것입니까? 하나님과의 기도에 죽음과 삶이 맞부딪치는 기도에 핸드폰이 울린다고 그것 들고 쫓아나가면 핸드폰이 하나님입니까? 그가 지금까지 기도하며 이름을 부른 하나님이 진짜 하나님인가요? 기도 자리에 갑자기 끼어든 핸드폰이 그의 하나님인가요? 어느 것이 기도하는 그 사람의 진짜 하나님인가요?

그래서 기도의 자리에 가장 최선의 존경과 감사와 경외심을 가지고 오라는 것입니다. 그것이 무너질 때 하나님과의 관계는 이미 무너진 것입니다. 닫힌 벽에 대고 아무리 고함쳐본들 문이 닫혔는데 아무리 하늘에 해가 있어본들 캄캄한 것뿐이지요.

기도는 하나님과 만나는 순간입니다. 하나님과 만나는 순간에 인간의 모든 것은 완전히 다 배제되어야 합니다. 그것이 남편이든 아내이든 자녀이든 그것이 제아무리 비싼 무엇이든 간에 다 배제되어야 합니다. 기도의 자리에 다른 것이 낄 때 성경은 네게 방해되는 것을 나는 제거시킨다고 하셨습니다. 방해되는 것을 네가 제거하지 않으면 내가 제거하겠다는 것이 하나님의 뜻입니다. 기도만 그런 것이 아니라 예배도 그렇습니다.

예배의 방해되는 요소가 있나 보아서 방해가 되는 요소를 내가 제거하지 않으면 하나님께서 제거하시겠다고 하셨습니다. 그 제거한다는 것이 지금 이 순간 죽이고 살리고 한다는 것이 아닙니다. 그것이 다시는 일어나지 못하도록 그분의 방법대로, 그분의 시기에, 그분의 뜻대로 행하시겠다는 의지의 표현입니다.

그래서 기도할 때 방해되는 것이 있으면 다 치워야 합니다. 기도할 때 제가 그렇게 이야기했지요. 부도수표 나거나 뭔가 불안하거나 한 일이 있거든 기도하지 말고 거기에 가라고, 그것부터 해결하고 그 다음에 오십시오. 기도의 자리는 죽으러 오는 자리라고, 기도의 자리는 살기위해 오는 자리가 아니라고 다 끝난 자리라고 말입니다. 인간으로는 끝났습니다. 모든 것이 끝났습니다. 그러니 하나님께서 살리시든지 죽이시든지 마음대로 하십시오. 안 살려주면 죽을 것이요 살려주면 살아날 것입니다. 그렇게 끝장 보는 자리란 말입니다. 기도의 자리에서 나머지 쥐꼬리만큼 남은 구원을 어떻게 빌어 보려고 촛불 갖다 놓고 불상 앞에서 손 비비는 것 같은 자리가 기도의 자리가 아닙니다. 그것들을 기도의 자리라고 잘못 전해 내려오는 전통의 어떤 종교들 같은 그런 제스추어나 그런 형식이나 그런 마음들을 애초부터 깨뜨리십시오. 이제는 이런 것들을 완전히 깨뜨려야 합니다.

생명의 만남을 가질 때

창조적 기도에 대해 처음부터 정리를 해갑니다.

창조적 기도는 우리 인간이 초능력의 자리로 초청받는 장소이고 시간이고 기회입니다. 또 하나는 창조적 기도는 전지전능하신 하나님과 만나는 자리입니다.

그런데 우리는 전지전능하신 그 분 앞에서 감추고 숨기고 변명하고 챙기려고 합니다. 어림도 없는 소리입니다. 만약 그런 것이 있다면 그것이 있는 자리는 살아 있는 기도는 벌써 물 건너 가버린 것입니다.

그분 앞에 나설 때는 있는 그대로여야 합니다. 그분이 내게 가까이 올 때 다 아시고 계신 분이라 "야 너 왜 그러니?" 하면 벌써 그분하고 기도의 관계는 끝난 것입니다. 마음 고쳐먹고 내일 다시 오라고 하시는 것입니다. 창조적 기도의 자리는 죽음과 삶이 맞부딪히는 자리라고 말했지요?

나는 그 기도에서 죽으려고 가는 것이고, 나의 그 죽음을 먹고 능력이, 부활생명이 그 자리에 일어나야 합니다. 부활생명이 그 자리에 솟아날 때 그때 바로 내게 주신 부활생명 근원이 나와 더불어 신비한 역사를 일으키게 되는 것입니다.

창조적 기도의 자리는 하나님의 만찬테이블입니다. 그런데 이 만찬자리를 많은 사람들은 장례식 자리로 만듭니다. 왜 그럴까요? 거기서 그가 살아야할 기도의 자리로 들어가는 것이 아니고 저주의 자리로 들어가기 때문에 결국 영혼의 죽음의 자리로 들어가게 되는 것입니다.

우리 사랑하는 성도님들은 기도의 자리로 들어갈 때 안되겠다 그러거든 그냥 인사만 하고 가십시오. "하나님 오늘 도저히 안되겠네요. 그냥 갑니다" 하고 도장 찍고 가십시오. 가서 편히 자고 쉬십시오. 그리고 그 다음날 다시 오십시오. "하나님, 어제 잘못해서 기도를 못하고 손해 봤습니다. 오늘은 아닙니다. 목욕하고 내 마음 다 씻고 왔습니다. 하나님이 내게 차려준 만찬테이블에서, 하나님이 우리 인간에게 필요하다고한 모든 것을 차려놓은 그 하늘의 만찬자리에서 내가 내 먹고 싶은 것을 마음껏 먹을 것입니다. "

그때 하나님께서는 "너 먹으라고 차려놓은 거야. 네 마음대로 마음껏 먹어." 하십니다. 바로 이것이 창조적 기도의 자리입니다. 이런 자리가 우리가 기도하는 곳 마다, 우리가 가는 기도원마다, 이런 자리가 만들어져야겠습니다. 아는 것이 문제가 아닙니다. 책보면 되고 어디 가서 말들어보면 알게 됩니다. 그러나 그것이 나에게 실제적 현실로 살아서 들어오는 것이 그렇게 힘이 듭니다. 이 시간은 지식을 전하는 시간이 아니고 나에게 허락된 그 생명을 먹는 시간입니다. 그 생명을, 그 생수를 그대로 주기도 하고 받기도 하며 누리는 하늘 축복의 시간입니다.

이런 기도를 우리 성직자들, 하나님의 종들이 회초리 들고 가르치고, 사탕 들고 가르치고, 쓰다듬고 가르치고, 목욕시키고 가르치고 이렇게 제대로 해주면 좋은데 그것을 못해주니까 매일 깡통 들고 옵니다. 오늘 우리들의 깡통에 찬밥을 주시겠습니까? 더운밥을 주실 것입니까? 오늘은 깡통 두 개 들고 왔습니다. 하나는 밥그릇이고 하나는 반찬그릇입니다. 그것 먹고 일주일 버티려고 깡통 들고 교회로 옵니다.

그것을 피하게 하는 길이 무엇인가요? 그들 스스로 그 안에 하나님과 더불어 생명의 만남이 있게 하라는 것입니다. 잡은 고기 한 마리 주지 말고 고기 잡는 방법을 가르쳐 주라는 것입니다.

창조적 기도라는 것은 바로 생명의 만남이 있게 하는 것입니다. 그가 드러누워서 기도하든지, 엎드려서 기도하든지, 돌아다니면서 기도하든지, 잠자면서 기도하든지 아무 관계가 없습니다. 그 안에 생명의 만남이 있도록 하는 것입니다.

서서 기도하기 위해서는 앉아서 기도하는 과정이 끝나야 합니다. 눈뜨고 기도하는 과정은 눈감고 기도하는 과정이 다 끝나고 난 다음에 할 수 있습니다. 소리 안내고 기도하는 과정은 소리 내서 기도하는 과정이 다 끝나고 난 다음에 그때 하세요. 기도의 자리가 내 뜻이 이루어지는 자리라고 꿈에라도 생각하지 마십시오. 하나님의 뜻이 이루어지는 자리입니다. 우리는 뭔가 뒤집어서 잘못 생각하고 있습니다.

기도의 자리는 하나님의 뜻이 이루어지는 자리인데 하나님의 뜻이 어떻게 이루어지는가, 하나님께서 우리를 얼마나 좋아하시는지 "너를 통해서 내가 역사를 이루겠다. 나의 뜻을 이루는데 너를 통해서 내가 이루겠다" 하십니다. 그렇다면 나를 통해서 하나님의 뜻이 이루어지게 할 때 나를 죽이겠습니까, 살리겠습니까? 침대에 누워있게 하시겠습니까, 아니면 펄펄 뛰어다니게 하시겠습니까? 누워있으면 하나님의 뜻이 안 이루어져요. 펄펄 뛰어다니게 해야 합니다. 주머니에 차비가 떨어지게 하겠습니까? 꽉 채워주십니다.

하나님의 뜻이 이루어지게 하기 위해선 그분이 내가 가지고 있는 주머니마다 그분의 것으로 꽉꽉 채워주십니다. 가서 나의 뜻을 이루라고 모든 것을 채워주시는 분이십니다.

하나님의 뜻이 나를 통해서 이루어지게 하십시오. 그럴 때는 바로 내 모든 주머니를 그분이 책임지겠다는 이야기입니다. 그분이 내 앞 길을 책임지겠다는 보증입니다. 너를 통해서 내 일을 이룬다고 하실 때 하나님이 날 침대에 뉘어 놓고 이루겠습니까? 아니지요. 히스기야 왕이 이렇게 기도했습니다. "하나님 내가 죽으면 하나님 뜻을 이루지 못합니다. 내가 죽어서 관에 들어가면 하나님의 이름을 어떻게 부르나요? 하나님의 이름을 부르지 못합니다. 나를 죽이지 마십시오. 하나님 내가 죽어서 무덤 안에, 흙에, 땅에 묻히게 되면 내가 어떻게 하나님께 영광을 돌립니까? 죽은 자는 하나님께 영광을 돌릴 수 없습니다." 히스기야가 하나님을 끈질기게 물고 늘어진 기도의 내용입니다. 나를 죽이면 나를 통한 하나님의 일은 안 이루어집니다. 뒤집어서 이야기 합니다.

하나님은 자신의 일을 이루기 위해서는 기도하는 그 사람을 살려주십니다. 살려주는 하나님의 마음의 근본은 무엇인가 하면 내가 널 살려서 내가 원하는 기도를 이루도록 하시겠다는 의지이십니다.

그러면 우리의 기도 자리가 어떻게 되어야 할까요? 이제는 좀 차원이 달라지겠지요?

"하나님, 나 이것 해주면 헌금도 많이 하고, 이것 해주면 뭐도 많이 하고, 이것 해주면 개척교회도 짓고, 이것 해주면 전도도 많이 하겠습니다." 그렇게 기도해서 받아놓고 실천하는 사람은 별로 많지 않습니다. 그렇게 실천하는 사람은 순진한 사람으로 여깁니다. 조건을 걸고 기도한 사람들이 그것이 응답되면 거기 왜 있습니까? 받았으면 가야지요. 뒤도 돌아보지 않고 뛰어갑니다.

"저 쪽에 가면 큰 동굴을 만날 텐데 그 동굴의 거미줄 치우고 지하로 내려가라. 지하로 한참 내려가면 거기 동굴이 있는데 동굴 오른쪽에 녹슨 큰 상자 하나가 있을 것이다. 그 상자를 열어보면 온갖 보화들이 다 있을 거야." 그러면 얼른 가서 그 보화를 갖겠지요. 그런 후에 다시 올까요? 오지 않습니다. 가르쳐주었으니 고맙다고 그 사람 교통비 하라고 다이아몬드 하나라도 남겨주고 가면 좋을 터인데 그것도 안 해요. 싹쓸이 해가지고 그대로 도망가요.

그게 인간의 심성입니다. 급해서 화장실 찾을 때의 마음과 급한 불 끄고 난 후의 인간의 심리는 그렇게 다릅니다.

불꽃같은 눈으로 보시고 계신 하나님

우리가 창조적 기도의 자리에 들어갈 때 '하나님의 뜻만 이루어 주십시오' 하는 것이 우리 기도의 가장 핵심이 되어야 합니다. 바로 그곳에 우리 영혼의 기도의 진액이 흘러들어갑니다. 그때 그 속에서 "내가 너를 들어 쓰리라. 그 기도 속에 내가 하지 않은 모든 조건들, 그런 것들은 내가 다 알고 있다. 내가 다 이루어 주리라" 하시는 하늘의 언어를 듣게 됩니다. 참으로 신비하지요.

출애굽기 14장 10~31절까지를 8대목으로 나눌 수 있습니다.

10절~12절은 백성의 원망하는 소리가 들리고, 그 다음에는 모세가 창조적 기도하는 소리가 들리고 그 다음 응답했으니 그대로 진행하라는 하나님의 음성이 들립니다. 그 다음에 너희의 대적이 너희를 따라올 텐데 그들은 죽으러 오는 것이라고 하십니다.

창조적 기도에서는 하늘의 영적기상도와 지상의 영적기상도가 우리에게 보이게 됩니다. 하나님께서 모세와 동역하면서 역사를 이루십니다.

바닷물은 어떤 물이지요? 빠지면 죽습니다. 그런데 같은 조건을 가지고 창조적 기도를 하는 사람과 그 기도를 대적하는 사람과는 차원이 하늘과 땅 차이입니다. 그것은 생사의 갈림입니다. 하나님께서는 창조적 기도를 하는 사람에게는 생명구원의 놀라운 역사를 만들어 주십니다. 하지만 그 대적자에게는 그 바닷물이 그 사람들을 죽이는 살인무기가 되는 것입니다.

같은 바닷물이라도 하나는 생명구원의 수단이 되고 하나는 생명을 죽이는 살인 무기가 되는 것을 봅니다. 그런 숨어있는 비밀들을 우리가 알 때 기도가 어떻게 진행되고 어떤 희한한 능력을 우리에게 가져 오는가 그 진실을 알게 됩니다.

그 다음 우리를 밤낮으로 지켜주시는 하나님을 보게 됩니다.

애굽 군대와 이스라엘 백성이 바다 가운데서 한판 싸움하기 전에 그 바다가운데 싸움이 진행될 때 하나님께서는 어디서 그 싸움을 보셨다구요? 불기둥 가운데서 그가 불꽃같은 눈으로 보셨다고 했습니다. 구름기둥 가운데서 구름을 헤치고 우리의 사랑하는 자녀들이 얼마만큼 홍해를 건너는가, 저 애굽의 마병들이 어느 자리까지 쫓아왔는가, 그걸 하나님은 구름 속에서 구름을 헤치고 보시고 계신 것입니다. 그러다가 적당한 순간에 그분께서, 구름기둥과 불기둥에서 우리를 지켜보신 그분께서 어느 순간 깃발을 들어버립니다.

모세야 신호대로 해라. 그때 모세가 오른손을 다시 드니까 바닷물이 그 순간에 원상을 회복합니다. 바닷물이 하나님께서 창조적 사역할 때는 그가 가지고 있는 원래 능력, 그의 오리지날 파워를 잠재웁니다. 그러나 하나님께서 창조적 기도가 끝나는 그 순간에는 오리지날 능력과 파워를 원상회복 시켜줍니다.

바닷물을 원래대로 회복시켜주니까 자기의 힘을 되찾은 바닷물, 절벽처럼 쌓여있던 바닷물이 다시 제자리로 돌아가 버립니다. 바닷물이 제자리로 간 것뿐이지 애굽의 마병들을 덮치려고 바닷물이 제자리로 돌아간 것은 아니라는 사실입니다.

바닷물이 생각이 있어서 애굽의 마병들과 군대들과 말들을 죽인 것인가요? 아닙니다. 바닷물은 아무것도 할 수 없습니다. 창조적 기도가 그 원래 가지고 있던 힘을 빼버렸는가, 아니면 다시 회복시킨 것인가 하는 것이 관건인 것입니다. 그래서 우리의 기도 맨 마지막에 뭐라고 합니까? 우리로 하여금 하나님께 "당신은 진실로 살아계신 하나님이로소이다." 하는 확신으로 그분께 무릎 꿇고 경배하고 감사하고 일어나는 것입니다. 그 자리가 우리 창조적 기도의 자리라는 것입니다. 창조적 기도자리는 하나님의 영광이 드러나는 자리입니다.

하나님께서 우리를 기도의 자리에 끌어들일 때는 뭔가 우리가 원망하는 일들이 있을 때입니다. 풀리지 않는 일들이 있고 뭔가 짜증나는 일들이 있고 뭔가 하나님하고 한판 붙어버리고 싶은 그런 일들이 있기 때문입니다.

출애굽기 14장 10~12절을 보면 이런 말이 나옵니다.

애굽의 군대와 마병들이 창과 칼을 들고 번쩍번쩍 하면서 이스라엘 맨 꽁무니까지 쫓아옵니다. 그러니 이스라엘이 어떻게 합니까? 혼비백산합니다. 그들로부터 완전히 자유하겠다고, 그래서 모래 위를 편안하게 마음 놓고 걸어왔는데 앞에는 시퍼런 바닷물이요 뒤에는 애굽의 창과 칼이 바짝 목을 죄고 들어옵니다. 이게 웬일입니까?

실제 우리의 삶에서 이런 일들이 많이 일어나지요? 그래서 백성들이 무엇라고 합니까?

"우리가 죽을 자리가 없어 이 사막까지 데리고 와서 우리를 죽이는 것이냐? 애굽에 매장지가 없어 여기까지 끌고 와서 죽게 하느냐?" 아우성입니다.

우리 출애굽 하자. 우리 믿음의 세계로 가자. 그분이 우리를 이끌어 가시게 하자. 그럴 때 믿지 않다가 믿음 안으로 들어온 사람들이 뭐라고 하는지 아십니까? "그때 내가 말하지 않았느냐. 그대로 술 먹고 마약 피우고 마음대로 놀게 내버려 두라고. 내 마음대로 놀게 내버려 두라고. 술 끊고 담배 끊고 끌려와서 쭈그리고 앉아있다 보니까 잘되던 것도 잘 안된다." 안 될 수밖에 더 있습니까? 왜요? 술친구 끊어야하니까요. 마약친구 끊어야하니까요. 고스톱친구 끊어야하니까요. 골프친구 끊어야하니까요. 세상에서 하던 일 다 끊어가야 합니다. 그러니 되던 일이 안되지요.

하나님은 우리가 인간세상에서 하던 버릇을 한 가지만 가지고 있어도 그걸 끊을 때까지 인내하시고 기다리시며 내버려두십니다. 열 가지 중 아홉 가지는 끊고 마지막 하나를 끊지 않아서 얼마나 손해를 봅니까. 마지막 끈 쥐고 앉아서 "하나님 저하고 고집 한번 겨루어 보실래요." 하고 죽기 아니면 살기로 그러는 것이 차라리 낫지요.

이스라엘 백성이 말합니다. 출애굽하자고 했을 때 그렇게 가기 싫어하고 안 간다고 했지 않느냐. 애굽에서 종살이 하면서 그들이 우리에게 주는 고기를 부뚜막에서 부추 넣고 풋고추 썰어 넣고 볶아서 먹으면 얼마나 맛있는데, 나는 노예생활이라 할지라도 그것이 더 좋다. 그래서 안 간다고 했는데 꿀도 있고 젖도 있다는 곳으로 인도한다고 해서 끌려나왔더니 웬걸 앞뒤가 꽉 막히고 여기서 죽게 되었으니 어쩌라는 것이냐 합니다.

영광 받으실 구원의 하나님

13~14절까지 이어지며 모세가 중보기도를 합니다.

하나님께서는 두려워하지 말라 하십니다. 모세의 중보기도에 대한 하나님의 음성입니다.

"너는 두려워하지 말라, 너는 가만히 서서 살아 있는 나, 여호와가 네게 어떻게 행하는지 그것만 보라."

오늘 내가 너에게 구원을 일으키는 그 현장을 똑똑히 보라고 하십니다. 이렇게 기도할 때 그분이 우리에게 들려주시는 그 음성은 천만 금을 주고도 살 수가 없는 것들입니다.

모세가 응답받고 난 다음에 본 환상이 있습니다. 애굽의 군대가 하나도 없이 사라져버리고 바다가 잔잔한 것을 보았습니다. 모세가 이야기합니다.

"오늘 너희들이 본 것, 전에 너희들이 보아 왔던 애굽의 그 막강한 군대들과 그들의 무기들이 영원히 너희의 눈에 다시는 나타나지 않을 것이다.”

중보기도의 마지막이 무엇인줄 압니까? 지금까지 우리를 괴롭히던 그 악한 세력들, 원수 사탄 마귀 귀신 잡귀들 그것들이 우리를 못살게 하려고 했던 그 악한 대적의 세력들이 중보기도가 끝난 순간부터 다시는 눈에 보이지 않는 것입니다. 그러면서 그 뒤에 증거까지 보여줍니다. 모세가 응답을 받아놓고도 멍하니 가만있습니다.

기도의 자리에서 하나님께서 우리에게 응답하신 것들을 듣고도 보고도 때로는 멍청히 실제로 그럴까 하며 주춤주춤합니다. 망설일 때가 있지요. 때로는 그것이 우리 믿음의 실상이기도 합니다.

그때 우리 하나님께서 뭐라고 하십니까? 15절, 16절입니다.

여호와께서 모세에게 말씀하십니다. “너는 어찌하여 내게 부르짖는가? 벌써 네가 내게 한 그 기도를 내가 응답해 주지 않았느냐.” 나머지는 우물쭈물 하지 말고 직접 행동으로, 행위로 들어가라고 하시는 것입니다. 행위는 들어가지 않고 왜 거기서 말만하고 있느냐? 우리가 응답을 받았을 때 정확하다고 생각할 때는 즉시 행동으로 들어가라는 것입니다. 우물쭈물할 때 하나님께서 우리에게 너 뭐하고 있느냐 하신다는 것입니다.

“ 내가 너한테 들려준 소리, 너한테 보여준 것이 내가 괜히 한 것인 줄 아느냐? 네가 그렇게 주춤주춤하는 순간에 사탄들은 더 막강한 능력과 술수로 네게 닥쳐온다. 빨리 조치를 취하라”고 말씀하십니다.

모세에게 하나님은 명령합니다. 빨리 지팡이를 들어 바다를 지시

하라고, 그리고 백성들을 바다로 들어가게 하라고 하십니다. 나머지는 그분이 하실 일입니다. 모세가 할 일은 하나님께서 말씀하신 것을 들었으면 바로 집행하는 것입니다. 손에 들고 있는 지팡이를 홍해를 향하여 들라고 하시는 것입니다. 그 지팡이를 홍해를 향하여 들 때 그 지팡이가 하는 것이 아닙니다. 그 순간에 하나님께서 모세와 동역하시겠다는 것입니다. 너는 지팡이로 홍해를 표시하고 나는 그 바다에 나의 사자를 보내서 그 깊은 바다가 양쪽으로 갈라지게 해서 길이 생기게 하겠다는 것입니다. 이스라엘 백성들이 지나갈 수 있도록 좁지 않은 넓은 길을 허락해 주겠다 하십니다. 거기에 있는 바닷물을 물이 옆으로 넘어오지 못하도록 쌓아버리겠다고 하시는 것입니다. 바닷물이 쌓여서 물은 넘어 오지 못합니다.

바다 속 땅이 백년 천년 만년 그렇게 바다로 있었던 땅이 아닙니까? 질퍽질퍽 하겠지요? 그런데 그것이 마르겠습니까? 안 마르겠지요. 진흙 길이겠지요.

하지만 하나님이 한순간에 그 진창길을 말리십니다. 맨바닥 걸어가는 것처럼 만들어버립니다. 우리가 생각할 때는 저 바다에 난 진창길, 저것 마르려면 보름 가지고도 안 마르겠지? 한 달은 걸리겠고 저기에다 모래도 갖다 뿌리고 자갈도 갖다 뿌리고 해야만 갈수 있는데 합니다. 그것은 인간이 하는 방법이고 하나님과 우리 사이의 기도가 역사하는 순간에 일어나는 하나님의 방법은 진흙 그것이 문제가 되겠습니까? 진흙 아니라 그보다 더한 것이라도 문제가 되지 않습니다. 그분은 전능자이니까요. 그분은 그것을 만든 주인이니까요.

창조적 기도가 진행되는 동안에는 하나님과 동역하는 역사가 일어납니다.

우리의 기도가 일어나는 순간에 하나님이 나와 함께 한다는 그런 진지한 시간을 가져야 합니다. 하나님이 나와 함께 하는데 전화벨이 울렸다고 전화기를 들고 "하나님 좀 기다리세요. 내가 전화 받고 올게요." 이렇게 하는 행위들이 하나님과 동역하는 것인가요? 하나님과 동역하실 때는 그분이 역사하시는데 지장이 없도록 완전히 나를 풀어 놓아야 하는 것입니다. 살리든지 죽이든지 알아서 하십시오. 하고 던져버리는 것입니다. 그리고 그분이 가장 좋은 방법으로 다루십니다. 모세가 지팡이를 들고 바닷물을 지시하자, 바로 그 순간 바닷물은 하나님의 뜻대로 굽이치고 일어서기 시작합니다. 물이 갈라지고 땅이 나타나고, 바다 속의 땅이 순식간에 말라버립니다. 새로 난 바닷길가의 물벽은 철벽처럼 버티고 일어섭니다.

바로 이것이 너를 위한 역사들이니 가라고 하십니다. 이스라엘 백성들이 보니 희한합니다. 옆을 보니 바닷물이 넘실넘실 하면서 벽을 쌓고 참으로 신비의 역사입니다. 어떻게 발이 옮겨지겠어요? 안 옮겨지지요. 앞장서서 가는 사람이 있으니까 따라갈 뿐입니다. 벽만 보면 못가요. 손을 넣어보면 손가락이 들어가는 물인데 그게 쏟아지지 않는단 말입니다.

그래서 하나님 당신은 전능자 이십니다. 그분의 이름을 부를 때 그분의 능력을 확인한 자가 부르는 것과 확인하지 않은 자가 부르는 것은 전혀 다른 것입니다.

쌓여있는 바닷물에 손을 넣어 봅니다. 손이 푹 들어갑니다. 손을 뺍니다. 바닷물이 내 손에 묻어 있습니다. 옷이 젖어 있습니다. 그런데도 이 바닷물의 장벽이 쓰러지지 않습니다. 그걸 확인하고 난 다음에 하나님을 믿을 것인지 믿지 않을 것인지, 의심할 것인지 아닌지, 구원의 하나님을 노래할 것인지 아닌지 잘 생각해 보십시오.

우리 교회 벽에 모세가 바닷물을 가르는 사진이 있는데 나는 우리 교회를 참 사랑합니다. 우리 집보다 우리 방보다 더 사랑합니다. 그래서 교회를 빙빙 돌다가 그 그림을 보고나면 실의와 좌절감 같은 것이 생겨도 그 그림을 보고나면 "하나님 고맙습니다. 하나님 고맙습니다. 내게도 저렇게 해 주신다구요. 하나님 고맙습니다." 얼마나 고마운지, 얼마나 좋은지 모든 것이 다 무너져도 나는 그 그림을 가지고 갈 것입니다. 그분이 내게도 그렇게 능력으로 역사하시는 분이니까요. 교회 안을 한 바퀴 돌고 그 그림을 보고 주님, 오늘도 역사 하십시오 합니다. 그것이 자리에 쭈그리고 앉아서 시계 봐 가면서 기도하는 것보다 좋습니다. "주님 살아 있는 역사가 이곳에 있게 하여 주옵소서. 우리 교인들 어느 날 그 그림을 보다가 그 앞에서 무릎 꿇게 해주십시오. 그리고 주님과 만나는 멋진 부딪침이 있게 하옵소서." 이것이 저의 기도입니다.

하나님의 역사에 동참하는 발걸음

우리는 오랜 시간 동안 기도를 하면 기도를 많이 한 것으로 생각합니다. 소리치며 하면 기도를 열심히 잘한 것으로 생각합니다. 또 점잖게 묵상기도하면 기도를 많이 한 것으로 생각합니다. 기도는 인간에게 속한 크로노스(chronos) 즉 우리에게 보이는 시공에 속해 있는 것이 아니고 그것을 훨씬 넘어선 카이로스(kairos) 즉 하나님의 세계에 속한 것입니다. 일 년이 일 초 같고 하루가 천 년 같습니다. 그것을 우리는 시공을 초월한다고 말합니다. 기도의 세계가 그런 세계가 되어야 합니다. 그 세계가 창조적 기도의 세계입니다.

그런 세계에 들어가기 위해서 우리는 어떤 과정을 밟아야 할까요? 하루 24시간 숨도 안 쉬고 기도하는 그런 과정들을 지나야 합니다.

그 과정 과정을 하루에 시계를 몇 백번 보는 그 기도의 과정을 거쳐야 됩니다. 한참 기도했는데 시계를 보니 10분밖에 안 지났어요.

열심히 했는데 보니까 30분밖에 안 지났습니다. 그래서 기도가 기도다워지기 위해서는 엄마 젖꼭지를 빠는 기도부터 시작을 해야 됩니다. 옹알이부터 시작해야 합니다.

그럴 때 "그게 기도냐. 너 뭐하냐?" 이렇게 말하는 사람은 기도의 기초가 안 잡힌 사람입니다. 옹알이 하는 기도를 하는 사람을 보면 "나도 10년 전에 저랬는데 이제 하는구나!" 하고 등을 두드려 주고 "옹알이 잘해! 아빠 엄마 말이 빨리 안 나온다고, 방언, 통변 빨리 안 된다고 걱정하지 마!" 격려해 주어야 합니다.

"어떻게 하면 방언이 터집니까?" 고민하지 마십시오. 옹알이만 잘해도 엄마는 알아채요. 애기가 '음음' 그것만 해도 엄마는 알아챕니다. 구태여 엄마 배고파요. 어머니 아침밥 주시겠습니까? 몇 시에 됩니까? 그렇게 하는 기도를 진짜 기도라고 하는데 그게 아닙니다. 배고파하는 그 표정하나만 보고도 "그래 얼른 밥 차려 줄게" 하고 바느질하던 손 놓고 부엌으로 뛰어가는 그 마음이 하나님의 마음입니다. 그래서 기도하는 자리에 누가 옹알이를 하고 누가 오줌을 싸거든 내버려둬요. 배우는 단계는 어린 아기와 같은데 아기가 오줌 쌌다고 몽둥이로 때리는 그런 사람은 없습니다. '음음' 하다가 "엄마!" 하고 목소리 한번 터지거든 "야! 너 출세했네." 하고 등허리 두드려 주는 것이고 그런 과정을 밟아 가면 나중에는 말을 안 해도 그분이 알아듣지요. 그래서 사람이 성장하는 것처럼 기도도 성숙해 가는 것입니다. 젖먹이 기도에서 이유식 기도로, 밥 먹는 기도에서 고기 먹는 기도로, 구송기도에서 묵상기도로 이어집니다. 그리고 관상기도와 보다 깊은 침묵기도에 잠기게 됩니다.

그래서 묵상기도나 침묵기도가 가능하다는 것입니다. 그 시간은 일년 일수도 5년 일수도, 10년 일수도, 30년 일수도, 50년 일수도 있습니다. 그건 그 사람의 상태에 따라서, 그 사람의 조건에 따라서 그렇게 걸리겠지만 기도는 내가 지금 서 있는 기준으로 하면 안됩니다. 대학생이 초등학교 다니는 동생에게 "야, 너는 글씨를 어떻게 그렇게 쓰냐." 하고 왜 나처럼 못하냐고 구박을 하면 아버지가 "야, 너는 초등학교 때 저애보다 훨씬 못했어. 저 애는 너에 비하면 몇 배 잘해" 이럽니다. 그때 얼굴이 뜨거워지지요.

그래서 우리는 기도의 자리에 들어갈 때 가장 기초의 바닥을 들어가지 않고 뭔가 다 할 줄 아는 것처럼 설칠 때는 저 사람은 곧 실패한다. 다시 제자리로 돌아와야 한다. 그것을 생각해 두십시오.

홍해 바다의 물벽에 손을 넣으니까 물이 내손에 잡히는데도 물 벽은 안 무너졌어요. 이게 기도의 세계입니다. 이런 확신이 있는 사람이 기도의 발걸음 하나하나를 제대로 걸어갈 수 있습니다.

이런 확신이 없으면 기도의 발걸음을 걸을 수 없지요. 그래서 하나님께서는 이스라엘 백성을 바다를 육지처럼 건너가게 만듭니다. 참으로 그분은 전능자이십니다. 그분을 내가 기도의 대상으로 삼을 수 있다는 것은 그분이 내게 베푸신 크신 은혜입니다. 하늘의 축복입니다.

내가 선택할 수 없는 나의 복입니다. 우리가 만든 석상, 목상, 금상 같은데서 기도한번 해봐요. 하나님께서 뭐라고 할까요? 내가 너를 만들기는 제대로 만들어 놓았는데 너는 어찌 눈이 감겨 죽어있는 그 앞에서 혼자 말하고 있느냐? 그것들은 들을 줄도 몰라, 귀가 없어 그 귀를 네가 만들어 주었느냐? 거기다 너 지금 복달라고 말하냐? 화를 달라고 말하냐? 하시지 않겠습니까?

하나님이 우리에게 이렇게 말씀하셨어요. 너의 귀를 누가 만들었느냐? 내가 만들어줬어. 너의 눈을 누가 만들었느냐? 내가 만들어줬어. 너의 입은 누가 만들었느냐? 내가 만들어줬어. 내가 너에게 눈, 귀, 코, 입, 마음을 왜 만들어준 줄 아느냐? 너와 나 사이에 말이 오고 가게 하려고 만들었다. 너와 나 사이에 대화를 하기 위해서 만들었다. 너의 눈을 열어 준 것은 네가 나를 보게 하기 위해서 열어 준 것이고, 너의 귀를 열어준 것은 내 말이 네 귀에 들리게 하기 위해서 열어 준 것이다. 네가 나에게 말하면 너의 귀를 만들어준 내가 귀가 없겠느냐 하십니다. 그래서 우상과 하나님이 그렇게 다르다는 것입니다.

그 다음에 하나님께서 우리 뒤로 쫓아온 대적을 어떻게 합니까?

17절, 18절 가면 애굽의 마병들이 쫓아오다가 무서워서 도망가면 몰살이 안되잖아요. 그래서 그들이 도망갈 수 없도록 우리 하나님은 애굽 마병들에게 오기를 준 것입니다. 하나님께서 그들에게 강팍한 마음을 심어주어 저 이스라엘 놈들이 가는데 우리도 죽어도 간다고 결정하게 하나님이 만들어 주신 것입니다.

하나님은 우리의 대적들을 우리의 기도가 진행되는 동안에 절반만 죽이지 않습니다. 떼로 몰아넣고 난 다음에 하나님께서는 희한한 일을 합니다. 이편과 저편을 나눕니다. 이스라엘 백성을 앞서서 이끌어가던 하나님의 사자 구름기둥이 이스라엘 진 뒤로 갑니다. 뒤로 가서 이편과 저편을 나누어 놓습니다.

그리고 그 구름기둥의 저 편에는 칠흙같은 어두움이 있게 하고 앞뒤도 볼 수 없는 어두움이 있게 하고 그 구름기둥 이편에는 하나님의 불기둥이 와서 그 칠흙같은 어두움을 대낮의 환한 광명으로 만들어 버립니다.

하나님은 참 멋진 하나님입니다. 이렇게 만드는 그분의 역사에 어찌 동참하지 않을까요. 그분의 역사에 동참하게 될 때 우리는 광명한 빛이 있는 쪽으로 마음껏 원수를 잠재우고 묶어버리고 앞으로 나갈 수 있습니다.

우리에게 와서 우리를 죽여야 할 대적들은 어떻게 되지요? 한치 앞을 내다볼 수 없는 흑암에 갇혀서 꼼짝없이 거기에 묶이게 됩니다.

생명 탄생의 신비

하나님께서 우리를 향해 나타내시는 그 신비한 역사들은 실제로 체험해 보기 전에는 말을 못하겠지만 하나님의 그 역사를 체험하든지 체험하지 않든지 다 그분께 맡기십시오. 체험케 해주는 분도 그분이고 체험을 안하게 해주는 분도 그분 입니다. 또 내가 기도하는 그 과정 중에 우리에게 어떤 일을 맡겨주시기도 하고 안 맡겨주시기도 합니다. 그래서 하나님 이건 왜 안 맡겨주고 저건 왜 맡겨줍니까? 다른 사람에게는 맡겨주고 왜 나에게는 안 맡겨줍니까? 나에게는 맡겨주고 다른 사람은 안 맡겨서 쉽게 가게 합니까? 이러지 마십시오. 우리는 기도나 잘할 일이고 나머지는 하나님께서 할 일입니다.

그다음에 26절에서 29절에 우리 원수가 바다로 다 들어왔나, 그것을 하나님이 어디서 보신다구요? 불기둥 속에서 보십니다. 또 구름기둥 속에서 보십니다.

하나님이 우리를 관여 안 하신다구요? 다시는 그런 소리 하지 마십시오. 하나님은 불기둥에서 보시고 구름기둥 사이에서 우리를 가만히 보시고 계십니다.

그러다가 Good time 가장 적합할 때, Good place 가장 적합한 장소에서, Good way 가장 좋은 방법으로 한번에 해결하십니다.

그래서 26절~29절에서 원수들이 다 들어오자 모세에게 지팡이를 내밀어 바닷물을 엎어 버리셨습니다.

막대기를 내밀면 항상 길만 내주는 것으로 아는데 하나님의 막대기는 외길이 아닙니다. 막대기를 내밀 때 그 길이 갈라지게도 하고 막대기를 내밀 때 그 길이 다시 합쳐지게도 해요. 그건 하나님의 몫입니다.

하나님께서 어떤 방법으로 우리에게 가까이 오든 그분에게 맡기십시오. 창조적 기도라는 것은 나는 내가 할 일 다하고 하나님은 하나님이 하실 것을 하십시오. 그렇게 맡기는 것입니다.

그 다음 마지막 30~31절 입니다. 이와 같은 역사를 죽 보고 난 다음에 이스라엘 백성이 무엇을 봅니까? 홍해바다가 원상으로 평안하게 되어서 파도만 치는 그 자리에 둥실둥실 애굽 군대의 시체가 떠오르고, 애굽 군대의 바퀴가 떠오르고, 말이 떠오르고, 투구가 떠오르고, 애굽 군대의 활이 떠오르고 그것을 이스라엘 백성이 보게 만들어 줍니다. 자, 너희들의 적이 어디 있나 봐라. 하나도 없지 않은가?

바로 이것이 우리의 기도가 얼마만큼 막강한 파워와 잠재적인 폭발력이 있는가를 말해주지요.

이 역사를 보여주시고 나서 하나님께서는 이제 너희가 다시는 나를 다른 신처럼 생각하지 말라고 하십니다. 나 창조주 여호와만이 이 일을 하는 분이니 잠잠히 겸손한 자리에 들어가라고 하십니다. 인간과 하나님의 차이가 이렇게 다르다는 것을 알아차리고 잠잠하라고 하십니다. 잠잠함 속에 내가 이제야 비로소 하나님을 하나님인줄 진실로 알았습니다.

그럴 때 우리의 예배가 어떻게 될까요? 참 멋진 예배, 경외하고 섬기는 그런 예배가 되겠지요.

창조적 기도에서 우리는 그분과 나 사이는 결코 떨어질 수 없다는 것, 그분은 나의 생명이고 나는 그분의 자랑이라는 놀라운 사실을 발견하게 됩니다. 그리고 얼마나 나를 사랑하시는지를 깨달아 알게 됩니다.

사랑은 생명력이 있습니다. 생명 있는 사랑과 사랑이 만날 때 또 다른 하나의 생명이 탄생됩니다. 창조적 기도는 바로 이 생명을 탄생시키는 신비한 능력을 가지고 있습니다.